頂点をめざす
競技者育成の鍵

知的
コーチングの
すすめ

河野一郎 監修
勝田 隆 著

大修館書店

監修のことば

　スポーツは、世界共通の言語として認知され、経済的な面でも、ときに政治のうえでも、多くの人たちの関心を集めている。欧米では、スポーツは人々がつくり出したものであり、生活や地域社会を豊かにする重要な価値をもつ文化として位置づけされている。

　しかし、わが国では明治時代に欧米からスポーツが流入して以来、国威発揚あるいは身体鍛錬のツールとして位置づけられてきた歴史が長く、スポーツはしばしばただの娯楽として低く位置づけられている。

　本書では、スポーツの本質を人の営みとして位置づけ、コーチングを知的側面から捉えて論を進めている。スポーツの文化的な重要性を認識し、スポーツをグローバルな視点で捉えているといえよう。

　わが国の競技スポーツ界には、経験を基にした個別競技のコーチング論は多くあるが、種目を超えた視点でコーチングを論じたものは極めて少ない。

　著者は、豊富なスポーツ現場の経験を背景に、コーチングの考え方を体系化し、暗黙知を形式知にする過程を踏み、「知的コーチングのすすめ」として本書をまとめた。

　「コーチングとは何か」というコーチにとって最も重要な論点から説き起こし、コーチに必要なものとして専門的な知識・情報のみならず、プレゼンテーション、コミュニケーションなどに関わるスキルを必須のものとしている。

　このように競技種目を超えた視点からコーチングを捉えていくことは、コーチを志す者、あるいはコーチングを学ぶ者にとって、コーチングの基盤をつくるうえで役立つであろう。

　著者が述べているように、コーチングは人を導き、人を育てることである。本書では競技スポーツをテーマにしているが、ビジネスの世界におけるコーチングを考えるうえでも示唆に富む内容である。本書は、わが国コーチング学のさらなる進歩に役立つものと確信する。

筑波大学体育科学系
教授　　河野一郎

コーチング哲学の教科書として、本書をおすすめします

筑波大学助教授・日本サッカー協会技術委員長
田嶋幸三

　スポーツの世界では、勝つ者と負ける者とがいる。長期的に見て、成功するチームとそうでないチームとがある。
　両者には、どのような差があるのだろうか。一度は勝つことができても、継続してチャンピオンになることができないチームに、どんな原因があるのだろうか。
　著者の勝田隆氏、監修の河野一郎氏とは、この10年来、これらの課題について幾度となく話し合ってきた。スポーツ種目は違えども、抱える問題は同じであった。
　日本サッカー協会は、1990年頃より世界を目指した代表チームの強化を行ってきた。代表チームの直接の強化よりは、若年層の育成、指導者養成を徹底して改革してきた。ここで育ってきた選手が、中田、稲本、小野などの2002年FIFAワールドカップの中心となった。
　この改革の間、常にサッカーとラグビー、そしてハンドボールやバスケットボール、野球など、球技系のコーチの方々とディスカッションを進め、お互いの情報を交換してきた。ラグビーからはテクニカル（情報・戦略）サポート、トータルマネジメントなどのノウハウを学び、それをサッカーの世界で生かさせてもらった。その内容が、この本の中に示されている。
　特筆すべき点は、コーチングの哲学が簡潔にわかりやすくまとめられていることである。長年指導者を養成する立場で働いてきた私にとって、「これだ」というものがあった。世界を目指す指導者養成の中で、是非教科書として活用していきたい内容である。
　スポーツの世界は生き物である。一度勝ってもそれを継続することがどれだけ大変なことか、どの指導者も知っている。この本を読んで、サッカーの世界も、もっとよいものを取り入れていきたい、もっとよい指導者を育てていきたい、そしてもっとすばらしい選手やチームをつくっていきたい。読後すぐに実行したくなる本である。

はじめに

「コーチングとは何か」、あるいは「コーチとは何か」という問いに対して、これまでにたくさんの人たちが示唆に富んだ言葉を残している。
——私の（コーチングとしての）仕事は、プレイヤーの楽しみを促進し能力を伸ばすために、彼らを勇気づけ（導き）、さらに彼らに真のプライドを手に入れさせることである*——ジム・グリーンウッド（Jim Greenwood）
——コーチは教えすぎてはいけない。ひとつの種を蒔くだけでいい——ピエール・ヴィルプルー（Pierre Villeprex）
——コーチングとは、余りの出る割り算を与えること——平尾誠二

　私自身、コーチングの本質は「個々人やチームの能力を引き出し、最大限に伸ばすためのあらゆる支援活動である」と考えている。

　今、「コーチング」がスポーツのみならず、ビジネスの世界からも注目されている。それは、経営資源の中で最も重視されなければならない資源は「人」であるという認識から、コーチングはその資源を育て、有効に活用するために体系化されたスキルであると考えられているからだ。
　もとより、この「コーチング」という概念はスポーツ界から端を発したものであり、その手法は様々な角度から研究され、知見が積み重ねられてきた。
　われわれは今、現代社会におけるライフスタイルや社会構造の未曾有の変容を経験している。これは、多様化、加速化の一途をたどっており、当然のことながら人々とスポーツとの関わり方も大きく変わりつつある。コーチングの現場では、幼児から高齢者、あるいは健常者、障害者と多岐にわたる対象者への対応の要請に追われ、新しい技術や情報から目を離せないのが現状である。
　このような時代にあって、人を導き、人を育てる営みでもあるコーチング

＊Jim Greenwood　*Total Rugby*　LEPUS BOOK. LONDON. P9

はますます重要なものとなり、その実践にあたっては、幅広い分野の知識や情報に基づいた高度なスキルを要求されるものとなっている。過去の経験や知識だけでは、通用しない時代である。

　私は、コーチングを学ぶ時に必要なことを、次の6つの分野に分けている。
　①「コーチングとは何か」という「理念・哲学・思想」に関すること
　②コーチングに関わる専門的な「知識・情報」に関すること
　③技術指導、模範（デモンストレーション）なども含めた「プレゼンテーション」に関すること
　④人間理解に基づいた「コミュニケーション」に関すること
　⑤コーチとしての「社会との関わり」に関すること
　⑥様々な分野において力になってくれる協力者との連携を構築するための「ネットワーク」に関すること

　そして、この6つの分野にはそれぞれに必要なスキルが存在し、そのスキルの向上に関する理論は学問領域として成立している。これらを学習し、トレーニングなどの実践によって陶冶された能力に、人間性や情熱、あるいは経験などといった現場レベルの要素が加わった時に、コーチング能力は机上の論から離れて、より実質的なものへと高められていく。

　私は、目の前の競技者の求めに応じられるコーチであり続けるためには、日々学ぶこと以外に道はないと考えている。

　本書は、スポーツにおける「コーチングとは何か」という本質的な問題をもとに、現場に視点をおいた透視図を描こうと試みたものである。

　現代のような変革の時代にあっては、これまで積み上げられてきた考え方ややり方の中から、次の時代に伝えるべき大切なことを明らかにし、そのうえで大胆かつ柔軟に未来を展望することが必要だと思うからだ。

　そのためには、まず、コーチの存在意義やコーチングの目的といった本質的なことについて、明らかにする必要がある。目の前の競技者が必要とする「コーチ像」について明らかにしておくべきである。

　特に、次代を担う若いコーチの方々には、新しい時代のコーチングのあり方を模索しつつ、それぞれのコーチング哲学を構築することが重要であると

思う。

　「コーチとは何者か」「コーチングとは何か」、この問いかけが目の前にいる競技者から常に発せられていることを、コーチは忘れてはならないだろう。
　その答えを探し出す鍵を、本書の中から見つけ出していただければと願っている。

　最後に、監修をお願いした河野一郎先生（筑波大学教授）に心から感謝を申し上げたい。先生には、これまでにも様々な情報や考え方を教えていただいているが、今回も貴重なご指導をいただいた。また、大修館書店の綾部健三氏、三浦京子氏にも衷心から感謝の意を表したい。両氏には、この本の企画から出版に至るまで多大な支援をいただいた。
　この他にも謝意を述べなければならない方は多いが、特に本書の中でお名前をあげさせていただいた方々には、文献の引用や参考なども含めて、貴重な情報を与えてくださったことに対して、心からお礼を述べたい。
　多くの方々のおかげでこの本がここにあることを、強く実感している。

2002 年 7 月

勝田　隆

目次 / CONTENTS

監修のことば……iii
推薦のことば……iv
はじめに……v

第1章　コーチング哲学を考える鍵　PHILOSOPHY

- 2　1-1　失敗を恐れない精神
- 5　1-2　コーチの語源に見る指導者の役割
- 7　1-3　独りよがりでないスポーツ観
- 10　1-4　日本独特のスポーツ観が生みだしたもの
- 14　1-5　知的文化としてのスポーツ
- 19　1-6　競技スポーツにおける勝利学のすすめ
- 22　1-7　コーチにとって一番大切なもの
- 24　1-8　コーチがもつべき5つの顔
- 29　1-9　受け継がれるコーチの遺伝子

第2章　コーチングの指針を考える鍵　POLICY

- 34　2-1　勝たせたコーチ、育てたコーチ
- 36　2-2　競技者の成長に合わせた指導スタイルの変化
- 41　2-3　心技体＋「知」

46	2-4 スポーツ・フィールドにおいて求められる賢さ
50	2-5 公としての義務をもつコーチの役割
54	2-6 ブランド・マネージメントの重要性
58	2-7 創造的ルール破りのすすめ
62	2-8 競技スポーツに向き合うための「覚悟」
64	2-9 勝利者の条件

69　第3章 コーチングの方法を考える鍵
METHOD

70	3-1 向上を約束する論理的プロセスの構築
73	3-2 世界で戦うための資質とは
77	3-3 トップアスリートを育てる鍵
80	3-4 コミュニケーション・スキル
84	3-5 コミュニケーション・スキルを高める5つの鍵
89	3-6 知る・わかる・できる

95　第4章 練習を考える鍵
TRAINING

96	4-1 練習の構成を考える
98	4-2 ゲームのように練習を組み立てる〜ゲーム・ライク・プラクティス〜
101	4-3 逆算して練習を組み立てる〜M-T-M Method〜
105	4-4 攻防形式だけで練習を組み立てる〜ヴィルプルー方式〜
108	4-5 スカウティング情報をもとに練習を組み立てる〜情報戦略型練習〜

117	参考資料：1999年ラグビー日本代表チームの練習の組み立て方

121　第5章　コーチングの科学と情報を考える鍵
SCIENCE & INFORMATION

122	5-1　向上のための科学的アプローチ
124	5-2　医・科学現場の知見を反映させるための方策
124	1．科学的アプローチはなぜ必要なのか
126	2．研究成果はなぜ適切に反映されないのか
127	3．研究成果を効果的に反映させるためには
129	4．トータル・サポート・システムをより機能的にするために
131	5-3　私的テクニカル論
131	1．コーチング活動の新しい視点「テクニカル活動」
132	2．ラグビーのテクニカル部門
136	3．サッカーのブレイン集団
139	4．テクニカル・スタッフの仕事と役割
143	5．強化の蓄積
145	5-4　実践に見るテクニカルの役割
145	1．オフィシャル・スタッフの数
145	2．9名のアナリストが生み出したもの
148	3．テクニカル・スタッフ創出の図式
149	4．「フィールド外の戦い」におけるテクニカルの役割

〜あとがきにかえて〜「シンプル」……153

第1章

コーチング哲学を考える鍵

1-1 失敗を恐れない精神
1-2 コーチの語源に見る指導者の役割
1-3 独りよがりでないスポーツ観
1-4 日本独特のスポーツ観が生み出したもの
1-5 知的文化としてのスポーツ
1-6 競技スポーツにおける勝利学のすすめ
1-7 コーチにとって一番大切なもの
1-8 コーチがもつべき5つの顔
1-9 受け継がれるコーチの遺伝子

PHILOSOPHY

1–1 失敗を恐れない精神

◆「幹となる資質」から育てる

　世界的な起業家を多数輩出していることで有名なアメリカ・スタンフォード大学では、起業家に必要な基礎能力を育成する授業の中で、学生に失敗することを経験させる授業を最初に行う。「失敗を恐れない精神こそ、起業家が最初に学ぶべきことである」というのがその理由だそうだ。

　フランス・ラグビーのトップチームのコーチは「フランスのコーチは攻めるチャンスがあるのに攻めなかった時、非常に怒る傾向がある」と言っていた。「スポーツでも、常にチャンスをうかがい、チャンス到来と見るや果敢にチャレンジすることが大切なことを、フランスの（ラグビー）コーチたちは知っている」とも付け加えていた。

　また、日本とアメリカの２つの国で、トッププレーヤーとして活躍したバレーボールの元アメリカ代表選手ヨーコ・ゼッターランドさんは、日米両国の指導者を比較する中で、「アメリカに渡って最初に驚いたことは、積極的にボールに飛びついてレシーブしようとしてミスしてしまった時に、コーチから"Nice Try!（ナイス・トライ！）"と言われたことだった」と振り返っている。

　スタンフォード大学の教授、フランスのコーチ、そして果敢に挑戦したことを褒め称えたアメリカのバレーボールのコーチ、彼らすべてが物事の本質を知り、「幹となる資質」を育てることを大切にしている。「冒険心とチャレンジ精神」、これがプレーヤーやアスリートの「幹となる資質」であると考える。

　スポーツの本質は「楽しむ」ことであるが、その延長線上にある感動や喜びといった、私たちの成長に欠かせない重要な情動を得るためには、競技上

の緊張や不安、恐れといった自らの内面に発生する様々なネガティブな因子に対して、自らの意思と行動で打ち勝たなければならない。冒険心やチャレンジ精神が育たなければ、大きな感動や喜びを手に入れ、自分自身の可能性を拡大させることはできない。

　この能力を育てるためには、ゼッターランドさんが経験したような、コーチのさり気ない励ましの言葉がけや、日々のコーチの支援による小さな冒険やチャレンジの積み重ねが必要だ。ミスすることを必要以上に厳しく指摘し、プレーヤーが「ミスを恐れて冒険しない」「コーチに怒られることを恐れてチャレンジしない」ようになったとしたら、スポーツをすることの本質は失われ、彼らが自らの可能性を自らの手ではぐくもうとする機会も失われる。

　コーチには、プレーヤーやアスリートが積極的に冒険し、チャレンジする機会を保障し、そのような「幹となる資質」をはぐくむ支援を優先させる責任がある。

◆コーチには人間としての寛容さや多様さが必要

　しかし、プレーヤーやアスリートの人間性に関わる「幹となる資質」を育てることは、簡単なことではない。勝利へ導くことを期待され、「勝たせてやりたい」と思えば思うほど、果敢なチャレンジもかなわずに、発生してしまったプレーヤーのミスに対して、「ナイス・トライ」という前に、思わず「ミスをするな！」と叫んでしまうこともある。「失敗を恐れるな」と言いつつ、心の中で失敗を恐れている自分自身に気づくことも少なくない。

　しかし、コーチの何気ない心の動きは、確実にプレーヤーに伝わるものだ。本気になって向き合えば向き合うほど、彼らにごまかしや繕いは通じない。未熟な私は、このような経験を何度も繰り返し、その都度、コーチングという営みの奥深さと難しさを思い知らされてきた。

　どんな場面においても、プレーヤーやアスリートの冒険とチャレンジの機会を保障し、失敗を恐れない精神を学ばせることを優先したコーチングを行いたいものである。口先ではなく、心の底から「ナイス・トライ」と言えるコーチになることが目指すところだ。

　ノーベル賞作家の大江健三郎は、学生時代「すぐに役に立つより長く考え

てゆく態度が大切で、そこから人間の寛容さや多様さにたどりつきうる、と教えられた」という。

　枝葉の部分ではなく、「幹から育てる」という自分自身のコーチング哲学を日々揺るぎなく実践するためには、人間としての寛容さや多様さが必要である。

　コーチングの対象者は多様であり、また、コーチは多様な状況に適切に対応しなければならない。どのような場面においても、常に本気で「ナイス・トライ！」と言えるコーチになるために、「長く考えていく態度」を大切にしたいと考えている。

1-2
コーチの語源に見る指導者の役割

◆コーチの語源は「四輪馬車」

　「コーチ(Coach)*」という言葉は、15世紀にハンガリーのコーチェ(Kocs)という村でつくられていた「四輪馬車」が語源だと言われている。その後、この言葉はフランスに渡って「Coche」となり、英国に転じて「Coach」と変化した。英国でも初めは、四輪馬車だけをコーチと呼んでいたようだが、やがて家庭教師(tutor)や大学の教師にも用いられるようになったというのが一般的な説のようだ。

　文献上、スポーツの世界でコーチという言葉が最初に認められたのはボートレースが最も古く、次にクリケットであると聞いたことがあるが、今日のように広くスポーツを指導する人のことをコーチと呼ぶようになったのは、19世紀になってからだという。

　これらがコーチという言葉の簡単な由来だが、ここで問題にしたいのは、馬車を指す言葉が家庭教師や大学の教師といった「人」にも用いられるようになった点である。双方には、「目的をもった人を運ぶ(導く)」という共通した役割を見出すことができるが、これが、四輪馬車の呼び名が人間にも用いられるようになった主な要因と考えて間違いはないだろう。

　いずれにせよ、このコーチという言葉のルーツに、その役割の原点を見出すことができる。

　つまり、コーチとは目的をもった客を目的地まで確実に運ぶ役割を担った

＊コーチの語源：Kocs(ハンガリーの地名)→Kutsche(ギリシャ語)→coche(仏語：馬車)→coach(英語、1556年に初例)『Oxford English Dictionary』(Oxford University Press)、『球技用語辞典』(不昧堂出版)より

コーチは、目的地（目的達成）に向かって客（プレーヤー）を運ぶ

人、ということである。

　現在でも、英国などでは、長距離バスや観光バス、あるいは列車の客車などを「コーチ」と呼んでいるが、客は自らの行き先（目的）に応じたコーチを選んで乗車し、コーチは目的地に向かって客を運ぶ。決してコーチが行き先（目的）を勝手に変更したり、決めたりすることはない。

　私は、この乗り物としてのコーチと客との関係に、スポーツにおけるコーチとプレーヤーとの基本的関係を重ね合わせている。コーチの役割とは、プレーヤーの目的を尊重し、その目的達成のために最大限の尽力を行うことであると、歴史は語っているように思えてならない。

1-3
独りよがりでないスポーツ観

◆ 「スポーツとは何か」を考える

　コーチングについて論じる前に、「スポーツとは何か」ということについて考えてみたい。なぜならば、スポーツ・フィールドにおいて指導的な立場に立つ者が、スポーツとは何かという本質的なことを整理しないまま、その任にあたることがあってはならないからだ。この問いに対して、誰もが納得するような「独りよがりでないスポーツ観」をしっかりともつことは、コーチと呼ばれる者の基本的な使命である。

　私の考える独りよがりのスポーツ観とは、たとえばプレーヤーやアスリートの目的や考えを無視し、「スポーツは勝つこと以外に価値がない」「勝つために手段を選ばない」といった考え方である。このような自己の経験上の理解や欲求に基づいた個人的な思い込みだけで、スポーツの価値をプレーヤーに押しつけようとするならば、プレーヤーが指導者やコーチの欲求を満たす道具として扱われることもあり得る。この点からも指導するという行為は極めて危険な行為となる可能性もあり、指導にあたる者は絶えず自分自身を客観視することが重要である。

　しかし、誰もが納得するスポーツ観、といってもその答えは深く、コーチ、指導者一人ひとりが自分自身の哲学として確立することは極めて難しいことでもある。

　丸山富雄（仙台大学教授）は、「今日のスポーツはその担い手の広がりとともに多様となり、それに伴いスポーツの定義もかつての競技スポーツの概念をそのまま適用することができなくなった。これまでスポーツの範疇にはいれることのなかった非競争的な運動文化も含め、もう一度『（ユネスコの）スポーツ宣言』に見られるようにスポーツを広く解釈し、定義する必要

2002サッカー・ワールドカップは「スポーツとは人々の楽しみのために生まれた文化」であることを証明するような盛り上がりを見せた　　　　　　（写真提供／フォート・キシモト）

がある」と述べている。

　ちなみに、ユネスコのスポーツ宣言とは「（スポーツを）プレイの特性を持ち、自分自身や他人との競争、あるいは自然への挑戦を含むあらゆる身体活動」と定義したものであるが、いずれにしても「スポーツとは何か」という問いに対する答えをひと言で表すことは容易ではない。

◆スポーツは人々の楽しみのために生まれた文化である

　スポーツとはプレーする側が主体となって行われるべきもので、ヒューマニズムの発展に欠かすことのできない生活・運動文化である。スポーツに関わるすべての人たちが、心身ともに豊かになることが最も大切である。

　そのためには、プレーヤーの内発的モチベーションや、競い合う相手を尊重する精神・行動は、どんな時でも堅持されなくてはならない。この倫理が損なわれたスポーツは品格を失い、万人に感動を与えるものとはならないだろう。

　また、ニュー・スポーツ、レクリエーション、競技スポーツ、プロスポー

ツなど、今日のスポーツの目的はますます多様化している。参加する者が楽しむことはもちろん、観る者の楽しみをも保障しようとするものまで、スポーツ観も画一化することはできない。

　しかし、どんなに多様化しようとも、それぞれの根底に「スポーツとは本来、人々の楽しみのために生まれた文化である」という共通の考え方が明確に据えられ、軽んじられることのないようにと願う。

　そして、この基本的な考え方に立ち、コーチはさらに誰もが納得するような、独りよがりでないスポーツ観をしっかりともつ努力を行い、プレーヤーやアスリートのために尽力すべきである。そのためには、日々、自分自身のスポーツに対する思いを確認し、時に「スポーツとは何か」を自問自答することが必要である。

「学ぶことをやめたら、指導することもやめなければならない」

　2000年サッカー・ヨーロッパ選手権で王者に輝いた前フランス代表監督ロジェ・ルメールのこの言葉は、コーチと呼ばれる者の基本的姿勢を見事に言い表した名言であると、心に刻んでいる。

1-4 日本独特のスポーツ観が生み出したもの

◆今日まで続く「体育」と「スポーツ」を混同した考え方

　独りよがりでないスポーツ観を模索するためには、様々な人たちの考え方や提言に耳を傾けることが大切である。特に、日本という風土の中で、スポーツがどのように受け入れられ、はぐくまれてきたかという観点から、日本のスポーツのあり方に関する課題や、その過程で派生してきた問題などについて、十分に理解し認識しておくことは極めて大切である。

　ここでは「スポーツ学者の数だけある」と言われる「スポーツとは何か」と言う問いに対する回答の中から、いくつか簡単に紹介したい。

　評論家・多木浩二は「ほとんどの国では英語のままスポーツという単語を使っている。これは英語のスポーツという言葉で表される、ゲーム成立過程で内面化された様々な意味合いをもった適当な言葉がない土地に、それに相当する現象が生じたことを意味している」と述べている。日本は、多木の指摘する「適当な言葉がない土地」に当てはまる。それは、現在もスポーツという英単語がそのまま日常的に使われていることを見ても明らかである。

　しかし、私たちの生活の中にはスポーツに関連する言葉として、体育や運動、あるいは競技や武道、レクリエーションといった言葉を見出すことができるが、それらは一般的に明確な定義づけがなされないまま、混同されて使われているケースが多い。

　この点について、スポーツライターの玉木正之は「明治時代に欧米からスポーツが流入して以来、日本では、長い間スポーツが文化としてみなされなかった。スポーツは、身体を鍛えるための（強い兵士をつくるための）手段、すなわち、"体育"と見られ続けたのである」とし、「その（体育とスポー

の）混同は、今日までも続いており、"体育の日""国民体育大会"といった言葉に残されている」と述べている。

多木と玉木に代表されるようなスポーツ論から見えてくる、日本のスポーツにおける歴史的問題点は「スポーツという文化が存在しなかった国に輸入され、今日まで文化としてとらえられずにきてしまっている」という根源的なものであるように思われる。

◆本来のスポーツのあり方とは

「まじめな仕事から一時的に離れる」という意味をもつ中世ラテン語の「デポルターレ*」から由来しているスポーツは、本来、休養、楽しみ、遊びといった活動、すなわちレジャーや余暇活動、ゲームすべてを包括する「それ自体を楽しむための生活文化」であった。

しかし、日本では「楽しむ」「遊ぶ」といった観点よりも、「教育」「訓練の手段」としてスポーツをとらえてきた側面が強く、このことが「スポーツとは何か」ということを現在においても論じなければならなくなった主な要因であり、日本のスポーツに課題が存在していると言えるであろう。

この歴史的な背景から培われてきた日本独特のスポーツのとらえ方の中に、独りよがりのスポーツ観を生み出す土壌が存在したと考えられる。

たとえば、「勝つことは善であり、負けることは悪である」というような風潮や、「野球道」などという言葉に代表されるような、スポーツの価値をプレー（遊び）することではなく、精神修養や教育的な手段として見出そうとする考え方は、この土壌から生まれてきた日本独特のスポーツ観ではないだろうか。このような土壌が、競技者一人ひとりのスポーツへの関わり方を否定したり、また、勝つことのみを評価する考え方などを生み出してきた。

加えて、耐えることに必要以上の価値を見出そうとするような過度の精神主義の押しつけも、スポーツ道的に歪められてしまった歴史的背景から生み

---

*デポルターレ（deportare）：「スポーツの語源」とされる中世ラテン語。「楽しむこと」という意味。古代フランス語「deporter, desporte」から中世英語「disporte」に変化し、16〜17世紀頃「sport」という語が誕生。

指導者も競技者もともにスポーツを楽しむという、スポーツ本来のあり方をもう一度考えてみたい　（写真提供／フォート・キシモト）

出されてしまったのではないか。そして、このような日本的なスポーツ観は、途中で活動をやめたり、他の競技に転じようとする者などを落伍者と扱い、試合に負けた者をあたかも人生の敗者のように扱う風潮も生み出してきた。

　3人のスポーツ社会学者の意見を見てみよう。岸野雄三は、日本人のスポーツ観の特徴を「勝利主義・自虐主義・修養主義・娯楽性の欠如・排他主義・自己喪失」の6つに分類化し、また、菅原禮は「求道主義・勝利主義・精神主義」にまとめた。さらに、上杉正幸は日本人のスポーツ観を「苦しみの"スポーツ価値意識"」と定義づけている。

　森川貞夫（日本体育大学教授）・佐伯聰夫（筑波大学教授）編著による『スポーツ社会学講義』（大修館書店）は、「これらの特徴の中には、必ずしも日本人だけにみられる固有のスポーツ観とはいえないものもある」としたうえで、「これらの研究に共通する点は、日本人のスポーツ観の特徴は、身体よりも根性・闘志に代表される"精神主義"や、スポーツに熱中するあまり、遊びを忘れた極度の"勝利主義"にある。さらに集団主義に偏り、個人主体の論理は抑えられ、強い他律性によって支配されている点にある」とし

ている。

　いずれにしても、私たちの風土の中にこのようなスポーツ観が存在し、スポーツの場において、しごきや上下関係といった管理や暴力に代表されるような閉鎖性や封建性を生み出してきたことを、これからの指導者は、十分に認識しておかなければならない。そして、これは「デポルターレ」を語源とするスポーツ本来のあり方と異なったものであることも認識しておくべきである。

1-5
知的文化としてのスポーツ

◆スポーツの価値とは

　私は大学に勤める前は、13年間高校の教員をしていた。
　これから紹介するエピソードは、ある高校で新設間もない体育学科の担任を任された時の経験談である。
　新入生を迎えた最初の保護者会の席で、ある一人の保護者から次のようなお願いをされた。
「うちの子どもは、小さい時から運動にばかり夢中になっていたので、頭は良くない」「体育科の生徒となって勉強ができるようになることについては、親としてまったく期待していない」、しかし「せめて礼儀が良くなるように指導してほしい」といった内容であったと記憶している。
　お願いされた私は、すぐにお父さんに聞き直した。
「お父さん、どんな礼儀ですか」。お父さん曰く、「"行ってきます"とか"おはよう"といった、基本的な挨拶だけでもしっかりとできるようになってほしいんですよ。体育科に入学したんだから……」と。私は、苦笑しながら「お父さん、それは家庭のしつけではないでしょうか」と返した。
　この保護者の考え方は、特別なものかもしれない。しかし、このようにスポーツを教育的手段としてとらえ、他の価値よりも優先させている人は意外に多いのではないだろうか。
　私に今も多くのアドバイスを与えてくれる埼玉・三郷市ラグビースクールの山道信之氏は、スクール立ち上げの頃、子どもたちに対して形式通りの挨拶を強いることを否定する指導を行っていたら、保護者の一人から「対外試合に行って整列して相手に挨拶しないのは、うちのチームだけだ。恥ずかしくないのか」と批判された経験があると言っていた。この時、山道氏は「私

たち指導者は恥ずかしくありません。恥ずかしいと思っているのは、お父さん自身ではないですか？」と問い返したと言うが、いずれにしても、「スポーツをやれば礼儀態度が良くなる」「身体が丈夫になる」というような、いわゆるスポーツを教育的手段としてとらえて、その価値に期待する大人は少なくないように思われる。

　もちろん、スポーツが人間形成などに有効であると期待して活用しようとする、いわゆる教育的手段論は、スポーツの価値のひとつでもある。それはスポーツの概念を「運動・プレー・競争・規範・教育」ととらえたユネスコの『スポーツ宣言（1968年）』を見ても明らかである。

　しかし、スポーツの価値は、手段にだけあるのではない。私がここで言いたいことは、まさにこの一点である。

◆スポーツはそれ自身を楽しむもの
　佐伯聰夫は、スポーツ観を、外部の特定の社会的価値を達成するための手段として正当化する「スポーツ手段論」と、スポーツの価値はスポーツ自体に内在するもの、すなわちスポーツの経験そのものが人間と社会にとって意味と価値をもつと主張する「スポーツ目的論」の二つに分けている。しかし、スポーツを教育的手段として優先させたり強調することは、スポーツを「文化（culture）」としてではなく、むしろ「体育（physical education）」としてとらえる考え方である。

　つまり、スポーツはそれ自身を楽しむものであり、スポーツを使って教育するのは体育である（図1-1）というのが、一般的な考え方でもある。現在では、体育は教育的な営みであって、スポーツや運動と同じ意味の言葉ではないとされている。

　現代体育の考え方は、「体の教育・運動による教育・運動の教育」の3つに大別されているが、まさに本項の冒頭で紹介した保護者などは、スポーツと体育が混同している代表的な考え方と言えるだろう。

◆スポーツは生活を豊かにする知的文化である
　しかし、このように体育とスポーツを混同していると思われる例は多い。

10ページで玉木が指摘した「体育の日」や「国民体育大会」といった表現は、まさにそれに当たると思われるが、一方でこの混同が多分に影響したと思われる問題も無視できない。

たとえば、学校教育現場、特に運動部活動に代表されるような態度重視や能力主義的序列化、あるいは大人の価値観の押しつけなどは、一部の子どもたちにスポーツが窮屈で特別な存在であるかのような印象を与えてしまっているように思われる（図1-2、3）。

「野球をする前に丸刈りにならなければならない」「礼儀正しくなければスポーツをする資格はない」というような、教育という名のもとの決めつけによって、スポーツから離れた子どもたちが一体どのくらいいるだろうか？

楽しむ前に形式的な挨拶を強いられ、それをスポーツと思っている子どもたちは少なくないかもしれない。

スポーツとは、生活を充実させるために人間の手によって創り出された文化であると認識する。スポーツ・フィールドにおいて、指導の側にある者は「スポーツという、生活を豊かにする知的文化に携わっていることを認識し

図1-1 ● スポーツと体育の考え方

スポーツ	体育
● 行為（プレー）そのものを楽しむもの	● スポーツを使って教育すること
● 目的	● 手段
● 手段的効用を越えた営み	● 手段的効用を期待した営み

スポーツ教育 ≒ 体育

↓

論理的頭脳活動
三位一体：「知育・徳育・体育」

🖉 体育は教育的な営みであって、スポーツと同じ意味をもつ言葉ではない

1-5 知的文化としてのスポーツ

図1-2 ● 従来の日本のスポーツのあり方

学校
・態度重視　・能力主義的序列化

大人の価値や技能などの押しつけ

管理教育としてのスポーツ
過度の安全性への配慮

生活文化として立ち後れ

↓

スポーツのあり方の見直し
スポーツを遊び文化ととらえる
能力主義・コンクール主義の見直し

🔍 大人の価値観の押しつけが、子どもにスポーツは窮屈なものと感じさせているのではないか

図1-3 ● スポーツの価値

健全なフロー状態*の提供
・没頭　・エネルギーの発散

チームゲームから得られる付加価値
・協調性　・協力性　・達成感　・成功体験

主体的な「投影―取り込み」サイクル
・目標の明確化　・新しい目標の発見

現実の大人社会を疑似体験
・アフター・マッチ・ファンクション*
・社会性　・立ち居振る舞い
＊試合後の選手同士の交換会

＊フロー状態：認知心理学者 M. チクセントミハイ（M. Csikszentmihalyi）によって提唱された理論。内発的動機づけによって生み出された「楽しさ」とは、われを忘れてあることに完全に熱中したり、没頭している状態を指す

なければならない」と思うのは、大げさなとらえ方だろうか？

　2015年には、ほぼ4人に1人が65歳以上になるという、深刻な少子・高齢化を迎えるこの時代に、子どもたちのスポーツ離れは国際競技力向上の観点からも大きな問題であり、避けなければならない課題であるはずだ。

　子どもたちがスポーツに興味や楽しみをもつ前に、スポーツそのものに関わろうとする前に、伝統的な価値観や大人の価値というような、スポーツとは「無関係なハードル」をおくことが果たして重要なことかどうか疑問である。

　私たちの周りには、スポーツに教育的価値を見出そうとするがゆえに放置された、見直すべき状況がまだまだたくさんあるような気がしてならない。

1-6
競技スポーツにおける勝利学のすすめ

◆競技スポーツは勝利を目指すことから始まる

　競技スポーツにおける指導やトレーニングに関わる理論は、基本的に「勝利学」の中でとらえるべきである。なぜならば、競技スポーツの本質は競争であり、勝利を目指すことから始まると考えられるからだ。

　アメリカの社会学者エドワーズ（H. Edwards）は、「現代スポーツは競技（アスレチック）と同義であり、もはや遊戯とは接点をもたない」と分析し、同じくアメリカの比較文学者アレン・グットマン（A. Guttman）は、ゲームを競争しないものと競争するものとに分け、後者をスポーツと結びつけている。

　これらを引用するまでもなく、今日の競技スポーツが競争や勝ち負けによって、様々なレースやゲームとして成立していることは明らかである。

　したがって、そこで必要とされる理論の中心が、どのようにしたら勝てるのかという、勝つことを目的としたものになるのは必然的なことであろう。

　しかし一方で、勝つことを目標とすることをネガティブにとらえる考え方や意見も少なくない。小学校の運動会などで、足の速い子は速い子同士で、遅い子は遅い子同士で組ませて優劣をつけにくくしたり、もっと極端なところでは、順位をつけないで全員を表彰したりするような学校もあるという。

　競争することをネガティブにとらえる考え方の多くは、勝つためには手段を選ばないとも形容される「勝利至上主義」とダブらせたり、あるいは、勝利至上主義につながることを危惧しているのではないかと思われる。

◆勝利至上主義の問題点

　しかし、勝利を目的とするやり方と、勝利至上主義とでは明らかに異なるものである。

勝利至上主義については、「勝つこと以外に価値がないという考え方」、あるいは「勝つために手段を選ばないやり方」と定義されている。そして、この考え方の先には、しごきやゲーム場面でのけんか、さらにはドーピング問題などにつながる危険性が指摘されている。

　勝利至上主義の最大の問題点は、スポーツを行う者の主体性を無視して指導が行われる点にあると考える。

　「競技スポーツは、ひとつの傑出した見世物である」という考えもある通り、その宣伝効果は極めて高く、これを利用しようとする機能が働くことは周知のことである。学校のため、企業のため、地方自治体のため、国のため、あるいは、指導者自身の勝利指向や名誉欲といった欲求を満たすため、というように、プレーヤーの目的が二の次にされたり、無視されたりしながらスポーツが展開されることがある。その時、プレーヤーの主体性は失われ、勝利至上主義という危険な状況がそこに生まれることは明らかである。

　反面、勝利を目的とするやり方は、勝利を目指す過程において数々の挑戦や努力が必要となり、それによって、工夫や発見、開発といった創造的行為

図1-4 ●コーチングの本質を見失わないための自己診断

Check yourself！
あなたのコーチングは？

- **Check 1**　意図のない強豪の模倣になっていないか？
- **Check 2**　過度な経験・根性主義を押しつけていないか？
- **Check 3**　伝統に縛られた踏襲型の取り組みではないか？
- **Check 4**　手探り型のコーチングをしていないか？
- **Check 5**　すぐに利く薬ばかりを求めていないか？
- **Check 6**　勝利にしか価値がないと思っていないか？

🔎 勝利至上主義に陥らないために、「勝利を目指すことの価値」と「勝利にしか価値がない」とする考え方の違いを認識しよう

も生まれる。喜びや感動、挫折や忍耐というような、生きていくために必要な様々な情動を競技スポーツはリアルに与えてくれる。

　競技スポーツはある意味、平等を否定せざるを得ないものとも考えられる。どんなに努力しても、絶対に勝てる保障のないのが競技スポーツである。しかし、「絶対に勝てる」と信じて挑戦し続けるところに、競技スポーツの素晴らしさが存在し、そこに有形無形の価値がもたらされるものと確信する。

　競技スポーツというフィールドでコーチングに携わろうとする者は、勝利を目指すことの価値と、勝利にしか価値がないとする考え方の違いを十分に認識し、その任にあたらなければならないだろう（図1-4）。そして、そのうえで、勝つことについて真剣に学び、勝つことに執念を燃やすべきである。

1-7
コーチにとって一番大切なもの

◆人を好きになることの大切さ

「私の好きなものですか？」
「そうですね……、それは、"人様（ひとさま）"ですね」

　何気なく目にしたテレビ番組の中で、田舎の道を行く、いかにも温かそうな人柄のおばあちゃんはインタビュアーのありきたりの質問に対して、即座にそう答えた。インタビュアーは意外そうなリアクションをしていたが、何気なくテレビを見ていた私も、まさか「人様」と答えるとは思ってもみなかった。

「人が好き」ということがコーチの基本的資質である

しかし、その答えは私にとって言葉では言い表せないほど衝撃的なもので、大げさな表現に聞こえるかもしれないが、まるで雷に打たれたように、しばしその場で立ちすくんでしまった。

当時、「私の反面教師は、私自身の中にいる」と思っていた。なぜならば、その頃の私は、本書でたびたび私自身が批判の対象としているような、傲慢かつ自分勝手な指導者だったからだ。コーチングの主体がプレーヤーになく、「私自身が負けたくないためだけで指導していた」時期があったということだ。当然、満足な結果も出せず、去っていく選手も多かった。結果の出ないことに対し焦り、苛立ち、自分自身のコーチングについて悩み、葛藤する日々が続いていた。

そんな時に、冒頭で紹介したおばあちゃんのひと言に出会ったのである。「一番好きなものは？」という問いに対して、即座に「人」と答え、しかも、その「人」に「様」をつけたおばあちゃんのひと言に、まさに「目からうろこが落ちる」心境であった。

「人と関わる営み」そのものであるコーチングに携わる者が、目の前にいる人を無条件に好きになることができずにその営みに携わることができるはずはない、即座にそう考えた。考えたというより、至極当たり前のことに気づいたのである。

以後、「人が好き」ということがコーチの基本的資質であり、条件だと考え、その考えを具現化するように努力している。

日本ラグビー界の歴史的名指導者でもある、故・大西鉄之祐（早稲田大学名誉教授）は、教育を（ここでは、指導することととらえて）「そこにいる人間を愛する力」と表現した。まさに、目の前にいるプレーヤー一人ひとりを理屈抜きに愛することができるかどうかが、コーチの基本的資質であると言えるだろう。

1-8 コーチがもつべき5つの顔

　数年前、お世話になったある先生から「教育者は5つの顔をもたなくてはならない」と教えられたことがある。

　5つの顔とは、「教育者・科学者・易者・医者・役者」であった。つまり、良い教育者になるにはこの5つの能力を身につける必要があり、それぞれの側面に精通すべく研鑽を重ねるべきである、という助言であった。言い得て妙、なかなか面白い考え方であると思い、以後、教育現場に携わる者の一人として常に5つの側面について関心をもち、少しでもそれぞれの分野での情報が得られるように心がけている。

　ここでは、「教育者としての五者」を「コーチとしての五者」に置き換えて、5つの側面それぞれにおける考えを紹介していく。

1．教育者

　ドイツのスポーツ教育学者コンラード・ウィドマー（Konrad Widmer）は、「社会生活一般が教育的でないのと同様に、スポーツも、そのままでは教育的ではない」としたうえで、「陶冶（とうや）課題からの要求のもとでスポーツをとらえる場合には、スポーツは一種の教育的働きをもっている」と、スポーツと教育の関わりについて述べている。

　スポーツを教育手段として扱う（学校の）体育教師は教育者であることは明らかである。競技スポーツにおいても、プレーヤーの才能や資質をどのように向上させるかという陶冶課題が明確に存在していることを考えれば、競技スポーツにおけるコーチも、また、教育者としての能力を強く求められることは容易に理解できる。

　この点に関して、サッカーの元日本代表監督ハンス・オフトは「コーチと

コーチに求められる5つの側面とは……

いうのは広い意味で教育者であり、援助者であるべきだ」と述べている。しかし、彼は同時に「最終的にはコーチがプレーヤーを指導するのではなく、プレーヤーが完全に自立し、相互コーチングをしながら試合を進めていく形が理想だ。これはちょうど子どもを育てていく教育活動と同じだ」とも述べている。

　教えること、はぐくむこと、そして自立を助けて見守ること。奥の深い「教育者」としての側面を、コーチ自らがどのようにとらえて、どのように学んでいくのか。コーチとして成長する重要な鍵がそこにある。

2．科学者（研究者）

　プレーヤーの課題を明確にし、課題解決に向けて適切なアドバイスを与えることはコーチの使命である。
　スポーツにおける科学とは、効率的かつ生産的な作業を追求する営みである。具体的には、手探り的な取り組みや意図のない模倣と対極をなす、論理的なアプローチを科学的と言うことができるだろう。

そして、この論理的営みをより高度に、かつ効果的に展開するために、スポーツ心理学、生理学、医学といったスポーツに関する学問領域が必要な基礎科学になる。

医・科学サポートの重要さを認識し、その知見をコーチングやトレーニングの現場において適切に反映させることは、プレーヤーと日々直接向き合っているコーチの重要な責務である。

3．易　者

「先を見通す力」は勝負事には欠かせない能力である。次の展開を予想（あるいは予知）し、先手先手と適切な策を講じていく。ある時は慎重に、そしてある時は大胆に……。

この能力を高めるためには様々な経験や知識が必要であるが、特に「情報に関する能力（情報能力）」が大きな鍵である。具体的には、単なる情報活用能力ではなく、集めた情報から次の展開や未来を読み取るというような、高度な「情報リテラシー（情報活用能力）」（78ページ参照）がコーチの易者としての側面を高める鍵と言える。

そのためには、ゲームや技術、あるいは運動構造をよく理解し、さらに人間を理解することである。このことなくして、情報から次の展開を読み取ることは不可能だろう。

全国ラグビー高校大会において、指導者として優勝の経験をもつ知人は、ゲーム前やハーフタイム、そしてゲーム後はもちろんのこと、日常のあらゆる場面において、選手に対して話したり指示したりしたこと（内容や場面、自分自身の態度など）を克明に記録し、その結果がどうであったかをノートに書き留めていたという。そして、それを事あるごとに読み返し、判断の材料としていた。もちろん、過去に成功したことが常に生きるとは限らない。しかし、自分自身の言葉や態度が、その時どのような影響を選手に与えたのかを明確に把握し、次の策を講じる手段としていた彼の努力は、先を見通す力を育てる、ひとつのヒントになるだろう。

また、易者としての能力は、プレーヤーを育てる場面においても極めて重要となる。将来、プレーヤーが大きく成長するためには、プレーヤーの資質

や特徴を的確に把握し、将来を見通したコーチングが必要となる。

4. 医　者

「無事これ名馬」ということわざ通り、けがや病気をさせないコーチングが最も素晴らしいコーチングである。コーチに最も求められることは、安全に関して最大限の努力を行うことである。また、プレーヤーが安心してプレーできるようにメンタルケアを行うことも、コーチの重要な仕事のひとつである。

前十字じん帯の損傷が圧倒的に女性に多く発生する競技もある（図1-5）ように、性別、年齢別、競技別、環境別などのような、ある特徴的な条件下において頻繁に発生する障害や事故も少なくない。これらの障害や事故のほとんどは、指導者の注意や配慮、トレーニング処方などによって回避できるものである。

指導的立場にある者が医学的知識を深め、それを日々実践することは何よりも優先させなければならない。特に、発育・成長期にある若いプレーヤー

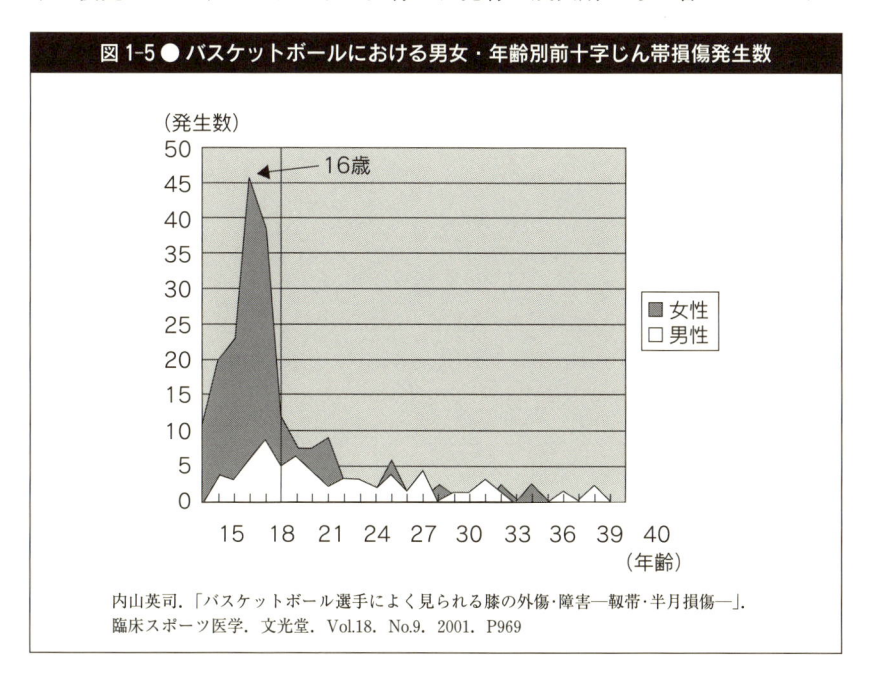

図1-5 ● バスケットボールにおける男女・年齢別前十字じん帯損傷発生数

内山英司．「バスケットボール選手によく見られる膝の外傷・障害—靱帯・半月損傷—」．臨床スポーツ医学．文光堂．Vol.18．No.9．2001．P969

を預かっているコーチは、彼らの将来をも預かっていることを忘れてはならない。

5．役　者

　指導的立場にある者は、エンターテイナーでなければならない。私がプレーヤーだったら、疲れたコーチや暗いコーチには教わりたくない。どんな時でも明るく楽しい時間を与えてくれるコーチと時間を共有したいと思う。また、どんなに厳しいプレッシャーのかかった場面でも、平然とした態度で的確なアドバイスをしてくれるコーチにゲームの采配をお願いしたい。

　冷静を装ったり、笑顔をつくったり、意図的にアクティブに動き回ったり、ゆっくりと動いたりというように、コーチに演技力や行動力が求められるのは、経験的に明らかだ。

　コーチは、ある意味でフィールドやコート上のパフォーマーであり、プレゼンテーターであると考えられる。

# 1-9
受け継がれるコーチの遺伝子

◆指導者としての遺伝子は受け継がれる

「あなたはなぜコーチになりたいと思ったのか」「なぜコーチの道を歩もうとしたのか」

　自分自身を振り返ると、高校時代の部活動の顧問（森善雄：現埼玉工業大学深谷高校ラグビー部総監督）に大きな影響を受けたように思う。そして、今もそのコーチングに関する思想を少なからず受け継いでいる。このようなケースは、決して珍しいことではないだろう。

　指導の立場にある者は、目の前のプレーヤーたちに対して望ましい指導者としての「モデル」を自ら提供する責任がある。なぜならば、子どもが親の背中を見て育つように、プレーヤーもまた、目の前の指導者からプレー以外の様々なことについて影響を受けるからだ。

　指導者の考えや指導スタイルを踏襲して、模倣することはよくある。特に、「恩師」と慕われる指導者の影響は強く、人生観、世界観、スポーツ観や指導観といった思想などは、まるで遺伝のように教え子たちに強く受け継がれていくように思われる。

　しかし、受け継がれるのは望ましい思想や指導スタイルばかりではない。東京女子体育大学の阿江美恵子助教授によると、「過去に指導者から暴力を受けたことがある」と答えた学生（19～21歳）は、アンケート回答者596人中、37.4％にあたる223人であったと報告している（1994～95年調査）。

　この報告の中で、特に見逃してはならない点は、過去に暴力を受けた学生の約30％が「将来、スポーツ指導者になった時、"殴る（1％）" "殴るかもしれない（24％）" "殴りたくないが殴る（5％）"」と答えていることである。何とも恐ろしい報告である。殴る指導者から、新たな殴る指導者が生み

指導者は教え子に対する影響力の大きさを十分に認識し、行動する必要がある
（写真提供／フォート・キシモト）

出されるとしたら、これは「負の連鎖」であり、「負の再生産」以外の何ものでもない。

　それにしても、なぜ阿江の報告にあるような負の再生産が起こるのか、なぜ殴った指導者と同じ行為を容認しようとするのだろうか。
「教えてもらったあの指導者のようになりたい」というモデルに対して自己を投影し、そのモデルの特徴を取り入れようとする、いわゆる「投影－取り込みの作業」が人の成長に重要な役割を果たすことは多くの識者が指摘している。しかし、取り込もうとする内容が、暴力に代表されるような否定されるべきものであったなら、恐ろしい「負の連鎖」がそこに発生すると考えられる。

　このような「負の連鎖」「負の再生産」が続く限り、わが国のスポーツが国民全体にとって豊かな文化として受け入れられ、定着することは決してありえないだろう。スポーツを文化として受け入れる土壌を、やせたものにしてしまう。

コーチングの中に殴るという行為は含まれるべきではない。どこかでこの「負の連鎖」を断ち切らなければならないことは明らかである。コーチが（教え子たちの）モデルとなる可能性は高く、この連鎖を断ち切る役割を担うのは、現在、プレーヤーの前に立って指導するわれわれに他ならない。
　「指導者としての遺伝子は受け継がれる」。この言葉の重大さを、明確に認識すべきである。

■参考・引用文献
- NHKスペシャル「世紀を越えて・シリコンバレーの挑戦者」2000年11月26日放映
- スポーツ・コミュニティ＆インテリジェンス機構（SCIX）主催「コーチング・イノベーション」パネル・ディスカッション　2001年6月10日
- 「ノーベル賞受賞者を囲むフォーラム」『読売新聞』 1999年12月17日朝刊
- 櫻井英七郎編『球技用語辞典』不昧堂出版
- 玉木正之『スポーツとは何か』講談社現代新書　1999年
- 「The Football Conference Japan 2001（JFA・Jリーグ）」公開シンポジウム　2001年1月14日
- 多木浩二『スポーツを考える〜身体・資本・ナショナリズム』ちくま新書　1995年
- 宇土正彦、加賀谷熈彦、高橋健夫、落合優『新しい体育・スポーツ理論』大修館書店　1995年
- 森川貞夫・佐伯聰夫篇『スポーツ社会学講義』大修館書店　1988年
- 荒井貞光『これからのスポーツと体育』道和書院　1986年
- 丸山富雄編著『スポーツ社会学ノート　現代スポーツ論』中央法規　2000年
- アレン・グットマン　清水哲男訳『スポーツと現代アメリカ』ＴＢＳブリタニカ　1981年
- 勝田隆「ヒンツ・フォー・ラグビー」『ラグビー・マガジン』第24巻第8号　ベースボール・マガジン社　1995年
- コンラード・ウィドマー　蜂屋慶、谷井博、窪島務、川村覚昭共訳『スポーツ教育学』東洋館出版社　1980年
- ハンス・オフト　徳増浩司訳『日本サッカーの挑戦』講談社　1993年
- 阿江美恵子「運動部指導者の暴力的行動の影響：社会的影響過程の視点から」『体育学研究』第45巻第1号　日本体育学会　2000年

第 2 章
コーチングの指針を考える鍵

2-1 勝たせたコーチ、育てたコーチ
2-2 競技者の成長に合わせた指導スタイルの変化
2-3 心技体＋「知」
2-4 スポーツ・フィールドにおいて求められる賢さ
2-5 公としての義務をもつコーチの役割
2-6 ブランド・マネージメントの重要性
2-7 創造的ルール破りのすすめ
2-8 競技スポーツに向き合うための「覚悟」
2-9 勝利者の条件

POLICY

2-1
勝たせたコーチ、育てたコーチ

◆育てた人間にしかわからないこと、見えないこと

　選手やチームなどを勝たせた指導者の言葉には重みがあり、得るものは多い。なぜならば、才能や運だけではなく、人一倍の努力や情熱がそこにあるからだ。また、頂点を極めた人というのは独特の世界観や哲学をもっており、彼らの話を聞いていると、不思議な力がわいてくる。

　しかし、勝たせた指導者や頂点を極めた指導者だけを評価し、彼らの声だけに耳を傾けるのは、不十分である。

　勝たせた人間にしかわからないことや、頂点を極めた人間にしか見えない世界があるように、育てた人間にしかわからないこと、見えないことも確実にあるからだ。

　キャシー・マッキー（Cathy Macky）というアメリカの水泳の女性コーチをご存知だろうか？　彼女は、10歳以下の子どもたちのコーチだという。

　その彼女が、アメリカ水泳界で高い評価を受けていると聞いた。その理由は、彼女の指導から何人ものオリンピアンが育っているからだという。

　スポーツ大国アメリカには、「コーチ・レコグニション・プログラム（Coach Recognition Program）*」というシステムがあり、キャシー・マッキーのようなコーチを評価し、表彰するプログラムが国として設けられている。
「コーチの評価は選手の向上にどれだけ寄与できたかであり、どのレベルのプレーヤーを指導しているか、また、それぞれのエイジグレード（年齢区分）

　　＊コーチ・レコグニション・プログラム（Coach Recognition Program）：全米オリンピック委員会は、毎年、全米最高のコーチ（USAコーチ・オブ・ザ・イヤー）、および育成コーチ（USA育成コーチ・オブ・ザ・イヤー）を表彰している。

の大会で何回勝たせたかではない」

　これは、アメリカでスポーツ強化の中心的拠点ともいえる USOC（全米オリンピック委員会）オリンピック・トレーニングセンターで、エリート・コーチの育成教育に必要な指導・支援を行う「コーチング教育セクション（Coaching Education）」のリーダー、オードリアス・バルスデューカス（Audrius Barzdukas）（1999 年当時）の言葉だ。

　この他にも、世界のラグビー界をリードするニュージーランドには次のような言葉がある。

「Tell me、I forget（話すだけなら忘れるよ）」「Show me、I remember（やって見せてくれれば思い出す）」「Involve me、I understand（夢中にさせてくれれば理解できる）」

　これは、プレーヤー側から見て、どのようなコーチングが望まれているのかを示したものだ。「インボルブ（involve）」とは、巻き込む、熱中させる、必要とする、といった意味の単語であり、「子どもたちはインボルブしてくれるコーチを必要としている」と説いている。

　勝たせたコーチも素晴らしい。しかし、そのスポーツとの出会いや楽しさ、素晴らしさを与えてくれたコーチがいなかったら、そして、インボルブしてくれたコーチがいなかったら、メダリストは存在しなかったことを忘れてはならない。

　キャシー・マッキーのようなコーチは、日本にもたくさんいる。勝たせたコーチの言葉だけではなく、育てたコーチの言葉にも耳を傾けたい。

2-2 競技者の成長に合わせた指導スタイルの変化

◆指導者・監督・コーチの言葉の意味するところ

「指導的な立場にある者」に類似した、あるいは同義語として扱われている外国語や日本語は、図2-1のようにたくさんある。

しかし、それぞれの言葉のイメージや役割期待は決して同じではない。たとえば、『ジーニアス英和辞典』(大修館書店)によると、インストラクターは「教授(指導)者、教師、教官」とあるが、コーディネーターにはそのような記述はなく、「調整するもの(人)、(企画推進などの)責任者、まとめ役」とだけある。

私は、30代の頃、ある雑誌のインタビューに「"監督"ではなく、常に"コーチ"でありたい」と述べたことがある。これは、指導という言葉に対する自分なりの姿勢を表明したものである。その思いは今も基本的には変わっていない。なぜならば、管理・監督する指導よりも、プレーヤーが目的とするところを尊重したコーチングを行いたいと思っているからだ。

大統領や首相といった国や組織を代表するリーダーは、時に指導者と呼ばれることはあってもコーチと呼ばれることはほとんどない。したがって、指導者とコーチの立場、役割の違いについては、指導者のほうがコーチよりも強いリーダーシップを求められるものである、と個人的に考えている。いずれにしても、この章で用いられる「指導者」とは指導的立場にある者、指導に携わる者という意味であると解釈していただきたい。

◆一貫指導システムとは

わが国でも一貫した指導システム構築の重要性が叫ばれている。

将来における日本のスポーツのあり方を明示した「スポーツ振興基本計画（文部科学省、2000年9月）」の中でも、「一貫指導システムの構築」は必要不可欠な施策の第一項目として掲げられている（図2-2）。

　この「一貫指導システムの構築」に関して、国立スポーツ科学センター（2001年10月開所）の浅見俊雄センター長は、「（一貫指導システムというと）同じ場所、同じ指導者で、ずっと指導していくシステムととられがちですが、"指導理念が一貫しており、その時々に競技者に最適な指導をしていく仕組み"のことなのです」と述べている。

　さて、指導者の役割についてであるが、競技者成長のプロセスを図2-3、4のように体系化した時、それぞれのプロセスの時期に求められる指導者像は違ってくるべきである。

　たとえば、「出会いの時期」には、種目やスポーツそのものの面白さ、あるいは楽しさを与えてくれる指導者が必要であり、「育成・向上の時期」には、一時的な結果を出すことよりも将来を見すえた指導を展開してくれる指導者が求められるものである。そして、「勝負の時期」には勝利に導いてくれる指導者が求められる。

図2-1 ● 指導する者を意味する言葉

● **英語では**
- コーチ(coach)　・インストラクター(instructor)
- トレーナー(trainer)　・アドバイザー(adviser)
- コーディネイター(coordinator)　・ディレクター(director)
- リーダー(leader)　・ティーチャー(teacher)
- チューター(tutor)　・ファシリテーター(facilitator)
- メンター(mentor)　・スーパーバイザー(supervisor)
- エデュケーター(educator)　・マネジャー(manager)
- ガイド(guide)　・スカラスティック・コーチ(scholastic coach)
- e-コーチ(e-Coach)＊

※インターネットなどの情報機器(IT)を活用して指導を行うコーチのこと

● **日本語では**
- 監督　・講師　・指導者　・助言者　・先生
- 教官　・師範　・訓練者　・師匠

図2-2 ● スポーツ振興基本計画の概要

わが国の国際競技力の総合的な向上方策

◆政策目標
(1) オリンピック競技大会などの国際競技大会での我が国のトップレベルの競技者の活躍は、国民に夢や感動を与え、明るく活力ある社会の形成に寄与することから、こうした大会で活躍できる競技者の育成・強化を積極的に推進する。
(2) 具体的には、1996年（平成8年）のオリンピック競技大会での我が国のメダル獲得率が1.7％まで低下していることを踏まえ、我が国のトップレベルの競技者の育成・強化のための諸施策を総合的・計画的に推進し、早期にメダル獲得率が倍増し、3.5％となることを目指す。

◆必要不可欠な施策
(1) ジュニア期からトップレベルにいたるまで一貫した理念に基づき最適の指導を行う一貫指導システムの構築
(2) ナショナルレベルのトレーニング拠点の早期の整備や地域の強化拠点の整備
(3) 指導者の要請・確保（専任化の促進、ナショナルコーチアカデミー制度の創設）等を総合的に推進

◆このための側面的施策
(1) スポーツ医・科学の活用により科学的トレーニング方法の開発を推進
(2) アンチ・ドーピング活動の推進
(3) 国際競技大会等の積極的な開催等

「世界の頂点をめざして」文部科学省 2001

　コーチ（指導者）の役割とは、プレーヤーの目的を尊重し、その目的達成のために最大限の尽力をすることであると考えるが、そのためにはプレーヤーの目的や求めにこたえられるような様々な資質が必要となる。

◆指導者として、自分はどんな役割を担っているのか

　今、私は、ファシリテーター（facilitator）的なコーチングを心がけている。ファシリテーターとは「促進者」という意味であるが、指導者側から答えを先に示すのではなく、主体となるプレーヤーたちが進むべき望ましい方向に向かって、自ら気づいて歩けるように誘導できるコーチングがしたいと考えるからである。
　「コーチングは、すべてQ＆Aで行うこと。素晴らしいコーチは素晴らしい質問者でなければならない」と教えてくれたのは、私の恩師ジム・グリーンウッドである。
　また、一線を退いたら、完全なる「メンター（mentor）」になりたいとも

図2-3 ● トップを目指すプレーヤーの成長モデルと一貫指導のあり方

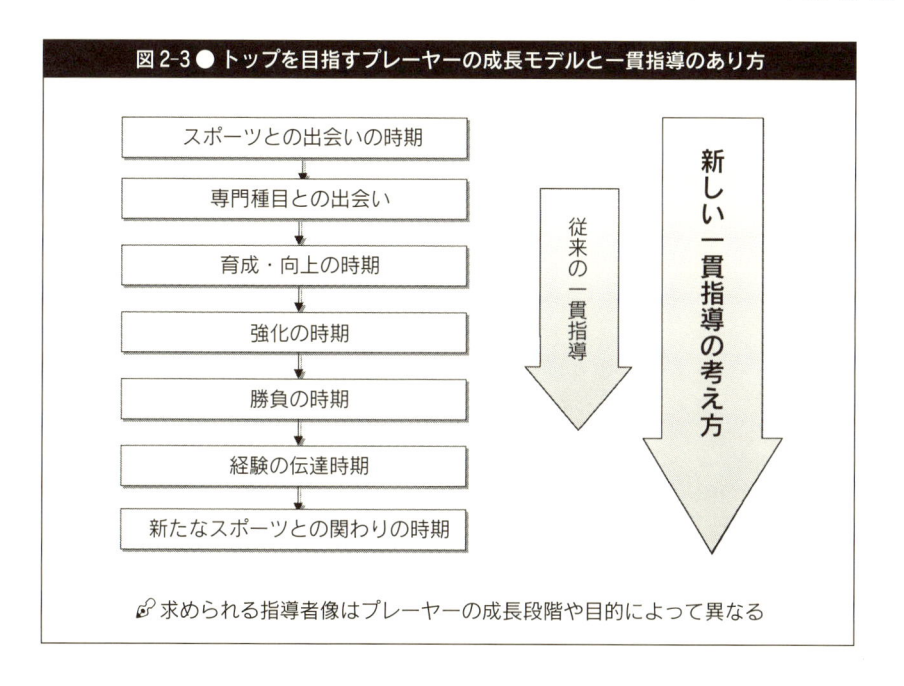

- スポーツとの出会いの時期
- 専門種目との出会い
- 育成・向上の時期
- 強化の時期
- 勝負の時期
- 経験の伝達時期
- 新たなスポーツとの関わりの時期

従来の一貫指導

新しい一貫指導の考え方

求められる指導者像はプレーヤーの成長段階や目的によって異なる

図2-4 ● 一貫指導を構築するための3つのプログラム

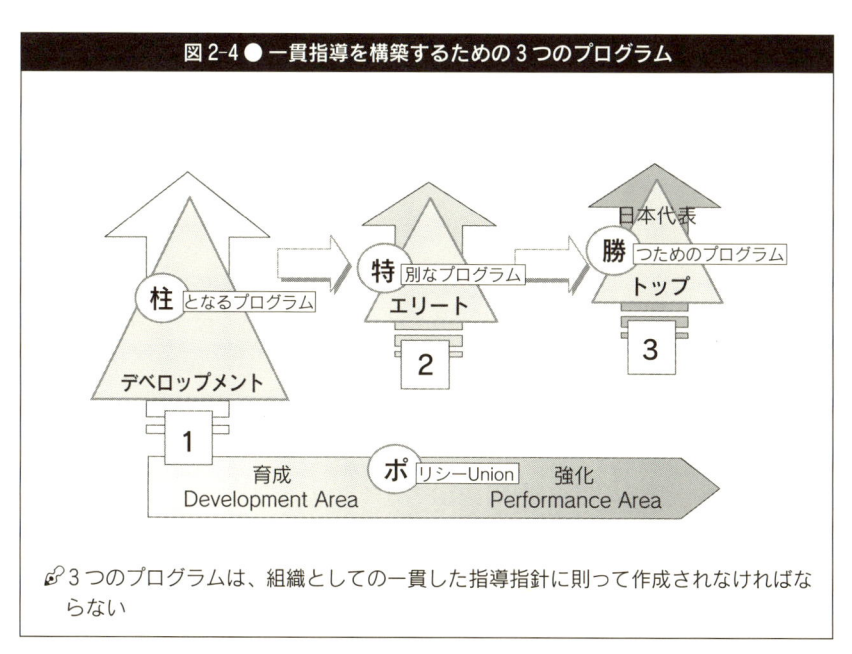

柱となるプログラム
デベロップメント
1

特別なプログラム
エリート
2

勝つためのプログラム
日本代表
トップ
3

ポリシー Union

育成 Development Area　　強化 Performance Area

3つのプログラムは、組織としての一貫した指導指針に則って作成されなければならない

ジム・グリーンウッド。英国のコーチ育成に多大な貢献を行った個人に対して贈られる「The Dyson Award」を1998年に受賞した世界的著名なラグビー指導者。この賞は、英国スポーツ指導者の殿堂とも言われている。イングランド、スコットランド、アイルランド、ウェールズ、ＵＳＡなどのラグビー代表チームのコーチを歴任した
（写真提供／ベースボール・マガジン社）

思っている。メンターとは「良き助言者、支援者」という意味である。
　スポーツの世界、特に強化システムの充実した諸外国では、経験豊かな人たちが助言的な指導を行う「メンタリング・システム」が導入され始めている。内容としては、一線を退いたかつての名プレーヤーが現役選手の求めに応じて良き相談相手となり、支援するシステムや、将来有望な若手選手の世話人、あるいは後見人として面倒をみるシステムなどがある。
　これまでに述べてきた通り、指導者の役割については、指導者自体を表現する言葉が多いことからもわかるように多様であり、それぞれに専門性が求められる。
「一貫指導システムの構築」にあたり、その時々に必要となる最適なコーチ像の明確化が求められている。コーチと呼ばれる者は自分自身が一貫指導の中でどの役割を担っているのか、各自の適正と立場を見間違わないことも重要なことである。

2-3
心技体+「知」

◆プレーヤーに求められる知的能力

「優秀な選手は"心技体"がそろっている、充実している」という言葉をよく耳にする。

私はこの考え方に全面的に賛成していない。なぜならば、「心技体」の前に「知」が抜けているからだ。物事を斜めに見るつもりは毛頭ないが、言葉のうえからも「知」をはずして「心技体」としていることは問題ではないだろうか。

かつてオーストラリア・ラグビーのトッププロチームのコーチは、どんな選手を代表チームの選手として選ぶのかという、いわゆる「セレクション・ポリシー」に関する質問に対して、ボディー・ランゲージを交じえて次のように即答した。

最初に自分の頭を指差し、次に左胸、続いて二の腕、そして最後に脇腹を指差して、「この順番は、優秀な選手に求められる能力の順番でもある」と付け加えた。つまり、求める選手の資質は「知」「心」「技」、そして「体」という順番になる、ということだった。

このコーチと同様に、私も、スポーツは知的活動であると考えている。たとえば、サッカーのゴールキーパーは、ゲーム中、相手の動きや味方の位置取りなどを見ながら、絶えず次の状況を予測する。残り時間、得点差、風向き、味方の戦術、相手の戦術、他のプレーヤーのフィールド上における位置取り、選手個々人のスピードや相手との力関係、そういった様々な情報を瞬時に取り込み、そして理論や経験、あるいはコーチの指示といった別の情報とかけ合わせながら、ゴールキーパーはその局面局面で最良と思われる判断をし、その情報を味方に与えている。情報の提供（指示）の際には、言葉の

プレーヤーに求められる資質は「知」「心」「技」、そして「体」の順番になる

選択やタイミングといったことまで考えるのだ。
　また、相手がゴールエリア近くに迫って来ない時のゴールキーパーの動きは、見た目には的確な位置取りのために動く程度のものかもしれないが、彼はその間も確実にかつ絶え間なくプレーし続けている。つまり、観察・分析・予測といった頭脳活動を行っている。
　これら一連の動きが知的活動を含んだものであることは明らかだ。このような頭脳活動はサッカーのゴールキーパーに限らず、すべてのスポーツにおいて、レベルの差こそあれ、プレーヤーは当たり前のように行っている。判断力、集中力、決断力、創造力、コミュニケーション能力、認知能力などといったプレーヤーたちに求められる能力は、明らかに知的能力である。

◆現代社会に必要なのは「10を100にできる力」
　わが国では、特に学校現場を中心に、知識偏重による鋳型教育が問題視されてきたが、ここではどちらかというと、創造したり発信したりする能力よりも、覚えることのほうが必要とされてきた。

図2-5 ●「スポーツ知」とは

吸収知
形式知

→

アウトプット知
創出知

10を聞いて100を知る&伝える
・本質を見極める
・ポジティブ

🖋 スポーツは知的頭脳活動である

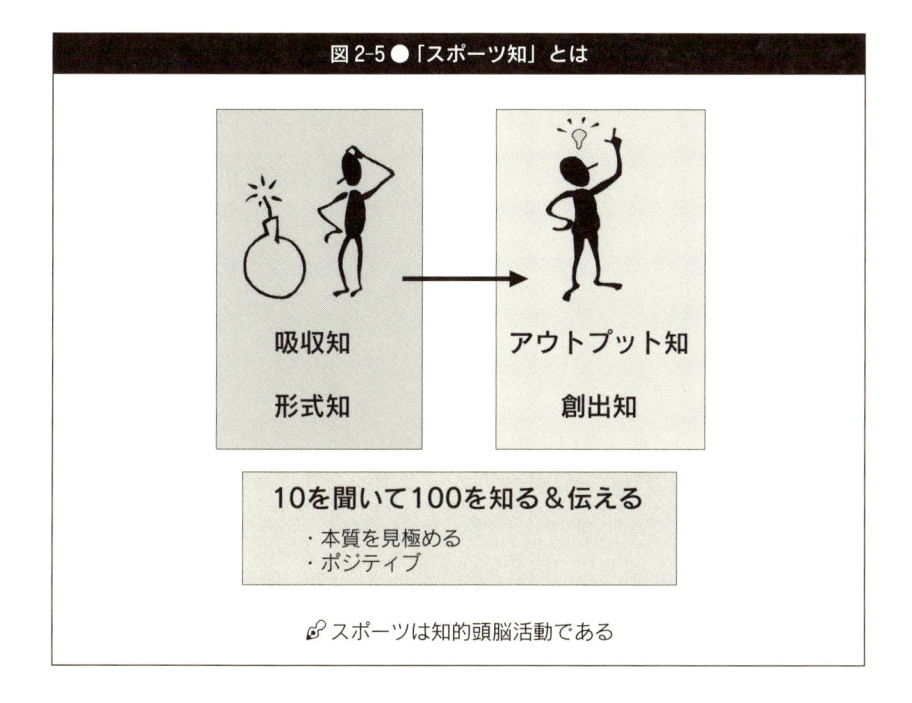

　たとえば、英語の授業では覚えた単語を駆使してコミュニケーションを図る能力よりも、単語をいくつ覚えたかが成績につながり、頭がいいとか悪いという評価がなされる図式ができあがってきた。

　このような学校現場での「頭がいい」というのは、極端に言えば吸収する力（吸収知、49ページ参照）の問題であり、単純にたくさん覚えた者が優秀とされ、序列化される図式であったように思われる。

　ところが、現在、私たちの社会では、吸収知よりはむしろ「創造したり（創造知）」「それを相手に伝えたり（アウトプット知）」するような資質や能力が求められているのではないだろうか？（図2-5）

　金沢工業大学教授・清水博は、今日の複雑な社会の中で生きていくためには、場合に応じて即決的に適切な情報を創出することが大切だとして、そのために問題となるのが「リアルタイムの創出知」だと述べている。清水によれば、リアルタイムの創出知とは、「未知の新しい出来事に遭遇しても、その場その場でリアルタイムに適切な判断をし、決断を行う知」であり、また、

「その能力は真剣勝負の中で育てられるもの」だという。

　本書の監修者でもある河野一郎・筑波大学教授は、現代社会に必要な能力を「10を100にできる力」と形容しているが、この表現を利用させてもらえば、つまり、現代社会では10を知って、10から100を創り出し、創り出した情報を必要に応じて魅力的に伝える資質が、スピード感とともに求められる時代であると考える。

　もちろん、吸収知を軽んじているわけではない。ゼロから100を創り出すのは極めて困難なことであり、豊富な知識は様々な可能性を生み出す源であることは普遍の原理である。

　しかし、学校という箱庭的な場ではなく、社会という場において求められる能力は吸収知に加えて、知識を知恵に変える力やその知恵を発信する力（アウトプット知）であり、そしてその能力はますます必要とされているのではないだろうか。

　学生時代、吸収知が高かったわけでもない私が「頭がいいとは」などと熱弁をふるっても説得力もなく、「できなかった者のひがみ」と受け取られかねないかもしれない。しかし、それでも「スポーツは極めて知的な営みである」と力説したい。

◆スポーツは知的活動であり、知的文化である

　古代ギリシャの時代から教育の3つの柱として言われている「知育・徳育・体育」をそれぞれ切り離して、「体育」だけをスポーツや教科体育と密接に関連づけることは大きな間違いであると主張したい。

　特に、競技スポーツではいかにして相手に勝つかを常に考え、日々試行錯誤を繰り返している。スポーツに真剣に取り組むプレーヤーたちは、食べることから休息に至るまで、すべてにおいて考え、実行し、最高の状態で戦えるように努力している。

　また、勝てない悔しさ、正選手に選ばれない苦悩、危険と背中合わせの恐怖など、競技を行っている者は常に不安や葛藤と戦いながら、それを克服するために自分自身とも戦っている。心を鍛えるために、体を鍛えるために、そして己を知り、相手を知るために、競技者は常に学び、考え、行動し、そ

ゴールキーパーは絶え間なくプレーし続けている。写真はドイツの
ゴールキーパー・カーン選手　　　（写真提供／フォート・キシモト）

して評価し、試行錯誤を繰り返している。

　この営みを、私たちは単なる肉体活動と位置づけるだろうか？　競技スポーツは極めて高度な知的活動であり、私たち人類にとって大切な知的文化である。そのような人類にとって極めて重要な知的文化のフィールドにいることを心から誇りに思い、このフィールドで指導的立場にあることの重さを厳粛に受け止めていきたい。

2-4 スポーツ・フィールドにおいて求められる賢さ

◆賢いプレーヤー、アスリートとは

　アスリートやプレーヤーを評する時、「彼は賢い選手だ」、あるいは「賢いプレーだ」といった表現を耳にする。もちろん、このように評された場合、選手はプラスの評価を受けている。コーチとしては、賢いアスリートやプレーヤーを育てたいと思うのは当然のことである。

　しかし、スポーツ・フィールドにおける「賢さ（clever）」とは、いったいどんな競技者、行動を指すのだろうか？

　以前、このことを授業の中で学生に聞いたことがある。返ってきた答えは次のようなものであった。

　「状況把握や判断がしっかりとできている」「同じ失敗を繰り返さない」「論理的に物事を考え行動する」。中には「悪知恵の働くプレーヤー」といった興味深い答えもあった。

　また、同じ質問を指導者に問いかけてみたところ、「自分のことを自分で決められる」「周囲と建設的なコミュニケーションがとれる」、あるいは「自分の強いところで勝負できる」といった人物像が示された。

　川村幸治（元ラグビー日本代表A監督）によれば、知能は「物事を知り、理解、判断する能力」であり、能力や知能をできるだけ伸ばすためには、「感覚器によって対象を認識する"知覚"、物事の本質を理解し正しく対処する"智恵"、実際に見て知る"知見"、物事に対して学び知っている事柄"知識"などが基礎となる」という。

　そして、「そこから直感的に感じ取る"感知"、窺い知る"窺知"、推し量ってわかる"察知"、才能と智恵"才知"、時と場合に応じてとっさに働く"機

知"、あるいは"予知"や"認知"」という能力も重要であり、これらの能力の育成について「(これまでの) スポーツにおけるコーチングは、どちらかというと軽視しすぎていたのではないか」と述べている。

いずれにしても賢いプレーヤーやアスリート像を具体的にあげるとするならば、フィールド内で発揮される行動、フィールド外での言動、あるいはそれぞれの競技ごとに見られる賢さといった具合に、いくつかの観点に分けた整理が必要となるだろう。

◆スポーツの知について考える

ここ数年、スポーツの「知」に関する意見や考え方を目にすることが多い。「スポーツメモリー*」「スポーツ・インテリジェンス*」「SQ (Sport Quotient)*」「知のマネージメント*」などといった言葉を目にしたり、耳にしたりする機会が多くなり、スポーツが単なる身体活動ではなく、知的活動であるという認識がスポーツに関わる人々の間でも高まってきている。

この傾向は、監督の指示や決められたサイン通りにしか動くことのできない、いわゆる指示待ちプレーヤーやチームの限界を、多くの人が認識しはじめた表れであろう。これはわが国のスポーツの発展にとって、極めて望ましいことと受け止めている。

以前、日本のチームと対戦する海外のバスケットボールチームのコーチが、「日本のチームについては、彼らのプレーを一度見るだけでOKだ。なぜならば、彼らは決められたこと以外できないからだ」と語ったという話を聞いたことがある。

＊スポーツメモリー (Sports memory)：情報の蓄積能力（記憶力）や検索能力、必要な情報を的確な場面で活用したり、発揮できる能力も含む。

＊スポーツ・インテリジェンス (Sports Intelligence)：スポーツにおける知的分野すべての要素。スポーツ活動の場で必要とされる知識、知恵、理解力、情報、知的活動など。

＊ＳＱ (Sport Quotient)：知能テストで測定されるIQとは異なり、スポーツ場面で見られる頭の良さを表す。

＊知のマネージメント：日本サッカー協会では、代表チームの経験（経験知）や、個人や組織が暗黙のうちに共有している質の高い知識やノウハウ（暗黙知・個人知）を集約し、誰もが活用できる形式知に変換することで、日本全体に必要な情報（組織知）として広め、共有する強化を進めている。これを「知のマネージメント」と呼んでいる。

今や国際舞台では、監督の指示通りにしか動けないような、しつけられた競技者では太刀打ちできないことは明らかである。おかれた状況を分析し、即座に必要な行動を自らの判断で起こし、また自らの意思を表現できる自立した人間でなければ世界では通用しない。しかし、このような競技者やチームを育てることは簡単ではない。

　まず、賢い競技者とはどんな競技者なのか、競技で必要な「知」とはどんな能力なのか、そしてそれらの能力を開発し育てるコーチングとは具体的にどうあるべきなのかといった、スポーツにおける「知」についてさらに研究し、それをフィールドに反映させる努力が必要である。

　今後、多くのコーチからさまざまな考えや実践例が生み出され、スポーツの知的側面の重要性がさらに高められると確信している。

　表2-1は、スポーツ以外の分野も含めたところで語られているスポーツの「知」に通じると思われるものの一部である。スポーツにおける「知」を考え、そして賢い競技者を育てるためのヒントとしてほしい。

　最後になったが、私は「プラスアルファーの何かを付け加えた仕事ができる」、あるいは「物事の本質を失わない言動ができる」ようなプレーヤーやアスリートを「賢い」と考えている。

表 2-1 ● スポーツにおける「知」

①無知の知	コーチ、プレーヤーともに「知らないこと、できないことを科学的に知る」ことが重要である。ギリシャの哲学者ソクラテスは「私は、自分が知らないということを知っている」と述べたというが、まさにこの「無知の知」として知られている哲学こそ、向上の第一歩であり、極めて重要な自己認識であると言えるだろう。プレーヤーは「できないこと」「知らないこと」が当然のことであり、これが進歩への第一歩なのだと肯定的にとらえ、プレーヤーの興味が失われないように注意を払うことが何よりも優先されるべきである。	
②吸収知	必要な情報を自分のものとして取り込むための「知」。情報を集めたり、情報を見逃さない「知」も含む。	
③経験知	トライ&エラーを重ねながら、蓄えられる経験によって得られた「知」。結果に至る過程を具体的に記憶しておくことが、この知を生かす鍵となる。失敗も重要な経験知である。	
④バクテリア知	試行錯誤(トライ&エラー)に基づく「知」。失敗(エラー)によって得られた知見は経験知となるが、これだけでは失敗(試行錯誤)が許されない場面に遭遇した場合、適切な対応策は見出せない。	
⑤創出知	収集した情報や蓄積した情報を場面に応じて引き出し、的確に発揮するための「知」。情報を必要に応じて加工する「知」も重要となる。	
⑥リアルタイムの創出知	未知の場面に遭遇したり、その場その場でリアルタイムに的確な判断や決断を求められる場合に必要となる「知」。	
⑦臨床知	試合や練習といった実際の「場」で、意図的に試すために必要な「知」。実際に行ってみなければわからないことや、そのレベルでしか得られない情報というものがある。成功事例が同じ結果を生むとは限らない。机上論が現場ですぐに生かせるとは限らない。	
⑧暗黙知	論理的な言葉で表現できないような主観的な考えやアイデア、あるいはイメージ。匠みの世界に見る「技」や「知」などがこれにあたる。個人知はこれに近い「知」である。	
⑨形式知	文章や図に表せる客観的な「知」。記録として蓄積することも可能。チームスポーツでは、暗黙知を形式知に変換して、情報の共有化を図ることが重要となる。主観的な情報を客観的な情報に変換する場合に必要な「知」とも言える。	
⑩個人知	アイデアやひらめき、感覚といった主観的なものや、資料、ノウハウといった客観的なものも含めて、個人的にもっている知的な情報。	
⑪組織知	組織で所有している知的な情報。組織の中にいる個人の知を、いかに組織として共有し、生かせるかが重要となる。	
⑫知の体力	「考えることにタフであるかどうか」ということ。持久力や瞬発力、パワーといった要素も含まれる。	
⑬知のマネージメント	チームの経験(経験知)や、個人や組織が暗黙のうちに共有している知識やノウハウ(暗黙知・個人知)を集約し、誰もが活用できる形式知に変換することで、組織全体に必要な情報(組織知)として共有することが可能となる。このような「知的情報システムの経営・管理」を意味する。	

2-5
公としての義務をもつコーチの役割

◆アカウンタビリティーという単語が使われる理由

　企業や行政を中心に、広く「アカウンタビリティー（accountability）」という言葉が使われ出して久しい。もともとの意味は「義務、責務」であるが、一般的には「社会に対する公な説明責任」、あるいは「結果に対する責任（結果責任）」などと解説されている。

　ここではまず初めに、スポーツにおいても重要な鍵となる、コーチングにおけるアカウンタビリティーについて述べていく。

　私がこの言葉について興味をもったのは、1997年マレーシアで行われたラグビーの世界統一機構（IRB：International Rugby Board）主催の国際コーチトレーナー研修会*に参加したことがきっかけだった。この研修では、チームを向上させるための手順を6つのステップに分けて、段階的に進めていく方法が提示された（図2-6）。

　最終段階である「ステップ6」の具体的な内容は、それまでの活動を総括して、次への取り組みに生かす課題を抽出することなどが主な作業であった。しかし、内容よりもむしろこの段階をなぜアカウンタビリティーとしたのか、そのことに興味をひかれ、「コーチングにおけるアカウンタビリティーとは何か」を深く考えた。

　コーチングを行う者に、説明責任や結果責任が発生するのは当然のことで

　＊国際コーチトレーナー研修会：ＩＲＢ（国際ラグビー連盟）は世界各国のラグビー競技の普及と発展を目的として、1997年より各国で「ゲームデヴェロップメント・ワークショップ」を開催することを要請し、そのためのトレーナー（具体的にはコーチとレフェリー）養成事業を毎年世界各地域で展開している。トレーナーの資格はレベル1からレベル3までの3段階に分けられている。

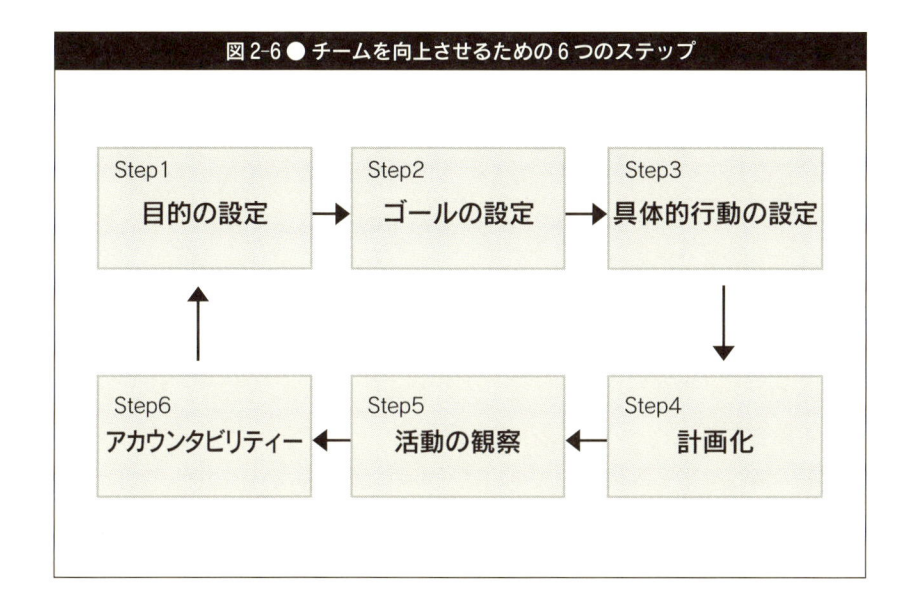

図2-6 ● チームを向上させるための6つのステップ

```
Step1              Step2              Step3
目的の設定    →    ゴールの設定   →   具体的行動の設定
  ↑                                      ↓
Step6              Step5              Step4
アカウンタビリティー ←  活動の観察   ←   計画化
```

ある。目的達成のためには、どんな計画で、どんな方法で、コーチとしてどのようなサポートをしようとしているのかを明確に示し、そしてその結果に対して責任を負うことはコーチとして当然の行為である。

しかし、それならば「ステップ6」は「レスポンシビリティー（responsibility：責任、責務）」でもよかったはずだ。なぜ、アカウンタビリティーという単語を用いたのか、どのような義務がそこに発生するのだろうかということが疑問だった。

コーチとして関わることから得られる様々な結果は、直接的には対象となったプレーヤーやチームに還元されるべきものであると思うが、果たしてそれだけでコーチの責務は果たせたことになるのだろうか。

◆コーチとしての経験や情報は還元する義務がある

さて、本項の核心であるが、私はコーチという役割は「ノーブレス・オブリージュ」の考え方に立たなければならないとう思想から、このアカウンタビリティーという語がコーチングモデルの中の「ステップ6」に位置づけられたものととらえている。

ノーブレス・オブリージュ（noblesse oblige）はヨーロッパの貴族社会から生まれた概念であり、「身分の高い者はそれだけで重い社会的道徳義務を負う」という、欧米では広く知られた精神である。もちろんこの精神は、時に特権意識あるいは高慢な考え方などと批判されることもあるが、いずれにしても指導的立場にある人間の高邁な思想・心得として、今日、様々な分野で目にする言葉である。

私の考える「ノーブレス・オブリージュという考え方に基づいたアカウンタビリティー」とは、「コーチは"私"の立場ではなく"公"の立場にあり、それゆえ、その活動から得た経験や情報は、広く社会に有益なものとして還元する義務がある」というとらえ方である。

自己の満足や楽しみのためだけにコーチングを行ってはならず、特定の競技者やチームの利益だけを考えてコーチングを行ってはならないというもので、私の考えはここに集約されている。

コーチはあくまでもプレーヤーやアスリートのサポート役であり、主役ではない。しかし、その存在は社会的にも信頼され尊敬されるべきものである。

コーチングは特定の競技者やチームの利益だけを考えたものであってはいけない

文芸評論家の川本三郎は、大ヒットした映画「タイタニック」のシーンを例にとり、沈没する船中で、ある紳士が「Be British！（イギリス人たれ）」と叫び、「自分だけが助かろうする人間たちをいさめた」この精神こそがノーブレス・オブリージュの精神であると解説している。
　コーチングにおけるアカウンタビリティーは、まさに「コーチたれ」という誇りによって支えられるべきものと考える。

◆「選手は皆の宝だ！」
　以前、ラグビーの全国高校大会出場を目指していた頃、予選で対戦するかもしれないライバル校の選手たちを指導していた時、ある指導者に「先生、そんなことをしていると、今年も（ライバルチームに）負けますよ」と言われたことがある。その時、同じ場面にいあわせた恩師と慕う荒川博司＊（元ラグビー高校日本代表監督）は、即座に「そういう考え方の指導者は大きくならん！　選手は皆の宝だ！」とその指導者を一喝したことがあった。これは教訓とすべき貴重なひと言になったことは言うまでもない。
　コーチの役割は公のものであり、社会的に利益をもたらすべきものである。そして、マレーシアの研修会で「アカウンタビリティー」に興味を抱いたのも、この経験があったからだ。
「国の指導者層にノーブレス・オブリージュの精神が失われたら、その国は滅びる」という言葉さえあるという。
「自分のチームさえ勝てばいい」「自分の選手さえ幸せになればいい」といった考え方のコーチが増えたら、スポーツはきっと滅びるだろう。

＊荒川博司：大阪工業大学高校監督時代に三度高校ラグビー日本一に輝く。1987年から3年間、高校日本代表監督を務める。数多くの日本代表選手を育てた監督としても有名。

2-6
ブランド・マネージメントの重要性

◆自分自身やチームのイメージをどのようにつくりあげていくか？

「あの人の指導はスマートだ」「あのチームでプレーしてみたい」「あの指導者に教えてもらいたい」

このようなコーチやチームの風評は、それまでに残した結果だけではなく、日頃のパフォーマンスなど、様々な要因によってつくられていく。

自分自身、あるいは自分が指導するチームの「イメージ」をどのようにつくりあげていくかといった手腕も、ある意味、コーチとして大切なスキルのひとつであると考えている。

なぜなら、チームやコーチングのカラー、すなわちイメージを鮮明にすることでチームづくりや指導の方向性も見えやすくなり、統一性をもったコーチングが展開しやすくなる。また、頻繁にコーチング・スタイルや方法を変えると、常に新たなスタート地点からの出発となり、それまでのコーチングの結果から明らかになった課題を蓄積することが難しくなる。つまり、カラーやスタイルを明らかにするということは、コーチングの結果が年々積み重ねられていくという利点も生じてくるわけである。そして、そのカラーが魅力的なものになれば、それを好むプレーヤーが門をたたいてくれるようにもなる。

「強くなれば、どんなデザインのユニフォームでもかっこよく見えるものだ」「勝てば自然と人は集まる」などと反論する方も少なくないだろう。

しかし、人を引きつける魅力は試合に勝つだけで得られるものではない。

また、体罰やいじめ、無意味な上下関係などの事実や風評が明らかになっても、勝てば魅力あるチーム、魅力ある指導と評価されるだろうか？　特色のない指導、旧態依然とした根性主義の指導、そのようなやり方で果たして

今の若者が魅力を感じるだろうか？
　答えは言うまでもないことであろう。
　ここでは、改めて自分自身のイメージについて考えさせられるきっかけとなった、最近、経済界でよく耳にする「ブランド・マネージメント」に関する話題をコーチングの鍵として取りあげたい。「コーチとしての自分自身、あるいは指導するチームのイメージをどのようにつくりあげていくか」という時の参考にしていただければ幸いである。

◆ 「ブランド・マネージメント」というイメージ戦略

「ブランド・マネージメント（brand management）」とは、特定の（商品）銘柄に関するイメージ戦略である。つまり、顧客や大衆に対して、どのようにしたら良いイメージを与えることができるかを意図的に仕掛けていく経営戦略を指す。
　広告代理店に勤める友人によると、近年、最も成功しているブランド・マネージメントとしては、トヨタ自動車があげられると言う。
　2001年9月3日付の毎日新聞によると、「トヨタの自動車は、"おじさん好みの車"というイメージが強く、ライバルのホンダに比べ、30歳以下の若者の人気が薄かった。これを打破しようと、1998年頃からカボチャの馬車をイメージした奇抜な車を売り出すことを決めていたが、お堅い印象のトヨタブランドでは限界があった」
　そこで考えたのが、松下電器やアサヒビールといった異業種と提携し「WILL（ウィル）*」という統一ブランドをつくり、「トヨタの車ではなく、あくまでも"WILL"というブランドの車」として販売する戦略だったという。
　そして、この時期、私たちは、テレビやラジオを通して、もうひとつのト

　　＊ウィル・プロジェクト：このプロジェクトは、トヨタ自動車のＶＶＣ（ヴァーチャル・ベンチャー・カンパニー）という社内カンパニーとして立ち上げられたものである。この組織は社長直轄の組織で、既存の組織の枠を超えて意思決定され、時代のニーズを敏感にとらえ、すぐにアクションを起こそうとする機能を大切にしていると言う。ニュー・ジェネレーションの共感を得るための様々な施策の企画展開をねらいとして、そのために社内公募で人材を集めているという。

ヨタのブランド戦略に、知らず知らずのうちに引き込まれていた。

　タレントの北野武を起用した「カローラがこんなに変われる時代」というCMを覚えている方も多いだろう。このCMは単に新しくモデルチェンジしたカローラを売り出すためだけでなく、「おじさん好みの車」の代名詞的なカローラをシンボリックにもち出して、「トヨタは変わる」「古いイメージを捨て、新しく生まれ変わる」という、トヨタ自動車というブランドそのもののイメージ・チェンジを強くアピールするねらいをもっていた。

　業界に前例のない異業種統一ブランドを仕掛け、「変わる」というコンセプトを強烈に印象づけようとしたトヨタ自動車のブランド戦略は若者受けしないお堅いイメージを払拭させ、若者も親しめるイメージを確立した。

　「ブランド・マネージメントで最も大切なことは、変化の過程をうまく見せること」であり、そしてトヨタはそれを見事にやり遂げたわけだ。

◆スポーツの世界でも求められるイメージ戦略

「敗軍の将、兵を語らず」という言葉がある。

　2000年シドニーオリンピックで、柔道100kg超級決勝で、篠原信一選手がフランスのドイエ選手に敗れ銀メダルに終わった一戦は、当時、審判の判定をめぐって物議をかもした。この試合の直後、篠原選手は「弱いから負けただけです」とだけコメントした。

　われわれ日本人は、どちらかというと、舞台裏を見せることを良しとせず、最後の結末、すなわち結果として表面化したことだけに対してコメントすることが美徳であるような文化をもっているように思う。

　しかし、元来、人間は、舞台裏にこそ興味を感じるものであり、このことについては日本人も例外ではない。

　ところが、近年、善い悪いは別の論議として、その欲求を抑圧せずに解放する風潮がマスコミを中心に拡大され、社会的に許容される方向にあることは否めない。舞台裏の様子を、ドラマ仕立てで見せるテレビ番組が増え、そういった類の番組の視聴率が高い傾向にあるのは、まさに日本人の精神構造の変化を如実に表しているように思われる。

　変化の過程、すなわち舞台裏を見せることを戦略的にとらえたマネージメ

ントが必要とされるようになった要因として、その背景にこうした日本人の精神構造の変化に伴う社会の変化があることを十分に理解しておかなければならないだろう。

　トヨタ自動車とそのブランド・マネージメントを請け負った広告代理店は、そのような社会の変化を敏感にとらえていたことになる。

　ビジネスの世界では、良いイメージが確立された場合は、そのイメージ（ブランド）の生命力を維持させるために、「ブランディング（branding）」という新たな戦略も重要になるという。このビジネス社会におけるイメージ戦略の方程式は、スポーツの世界においても参考にすべき方程式である。

　商品や企業がブランドとして定着するためには、質の高いモノを提供し続けるだけではなく、それによって顧客はもちろんのこと、社会的な信用も得なければならない。スポーツ・フィールドにおいて「ブランド」を手に入れるためには、特徴的な戦い方や魅力あるコーチングによって継続的な成果をあげるだけではなく、同じように、競技者はもちろんのこと、社会的な信用も得なければならない。そして、一度でもその信用を裏切るようなことがあれば、「ブランド」は地に落ちる。ブランドというイメージがもつ高級感とは、社会的な信用を得た質の高さと個性であり、しかも、それは維持され続けなければならないものであると考えられる。

　本稿は、コーチのイメージに関して述べようとしたものであるが、あえて「イメージ」という言葉ではなく「ブランド」という言葉を用いた理由はこの点にある。コーチとして「実績をあげればいい」という考えではなく、「社会的な信用を得、それを裏切らない実績を築いていこう」とする姿勢の重要さを表現したかったのである。

　他者の鏡に映し出されるコーチとしての自分自身、あるいは指導するチームがどのような姿にあるのか、魅力的にとらえられているのか。

　チームのみならず、コーチとしての自分自身の「イメージ」を客観視し、それがブランドとして確立するような長期的「ブランド・マネージメント」を考え、戦略的に仕掛けていくことが、コーチにも求められる時代になってきている。

2-7 創造的ルール破りのすすめ

◆新しいものを創造するために、古いものを壊す

　ある人は「ルールは破られるためにある」と言い、またある人は「ルールは創られるためにある」という。私も「ルールは守られるためだけにあるのではない」と考えている。

　中村敏雄（元広島大学教授）は『スポーツルールの社会学』（朝日選書）の中で、「スポーツのルールはその歴史を見れば明らかなように、それぞれのスポーツを愛好した人たちの"合意"によってつくられ、また変化してきたもの」としたうえで、ルール違反には、バレーボールのネットタッチのように「技能的なパフォーマンスの失敗」のような「無意識的なもの」もあれば、「意図的なものもある」と述べている。さらに、意図的なルール違反は常に「悪」ではなく、「双方のチームとレフェリーが"合意"すればルールを変更したり破棄したりすることができる」とも述べている。

　その事例として中村は、「四角なプレイング・フィールドをダイヤモンド型に変えて、新しいベースボールを創造したA・カートライト」や「平泳ぎのルールの中で、ドルフィン泳法を発想した長沢二郎やバサロ泳法をとり入れた鈴木大地」などをあげ、「スポーツの発展史の中には、このようなルール違反によって新しいスポーツが生まれたといってもよい事実が少なからずある」と結んでいる。

　「新しいものを創造するために、古いものを壊すこと」を「創造的破壊」と言う。もともとは、アメリカの経済学者シュンペーターが使い始めた言葉で、経済の分野においては、（創造的破壊は）経済成長の源泉と考えられている。

　スポーツにおける創造的破壊は新たなルールや戦術、技術を生み出したことだけに留まらず、様々な新しい競技（種目）をも誕生させた源となった。

これは先に引用した中村の事例や歴史的事実を紐解くまでもなく明らかで、スポーツの世界でも創造的破壊は成長の源泉であり、発展のエネルギーであると言えるだろう。

しかし、ここで忘れてならない重要な視点は、創造的破壊がなぜ起こるのか、誰が創造的破壊を起こすのかということだ。

その答えは極めて単純で、現状に留まることに満足しない状況や、あるいはその必要性から生まれ、それは明らかに「人」によってもたらされたものである。

池邊陽（元東京大学生産技術研究所教授）は、著書『デザインの鍵』の中で、「人間という生物が常にあらゆる段階で不満をもつということに能力の根源があるように思われる」とし、「人間の能力の重要な点は、そこにとどまることがないということである」と述べている。

しかし、人間そのものが根源的に現状にとどまることを良しとしない能力を有していたとしても、誰もが創造的破壊を起こすわけではない。それは向上心や冒険心といった進取の気質が旺盛で、かつ創造力や行動力の高いごく一部の人間が中心となってもたらされるものである。

◆建設的なルール破りが新たな発展の源となっている

スポーツの世界では最初にルールや審判は存在せず、ルールは人によってつくられ、人によって変えられてきたという歴史をもっている。

サッカーやラグビーのルーツである「フットボール」の初期の試合では審判は存在せず、試合中にルール違反などのもめ事や不都合なことが起こると、両チームのキャプテン同士がそのたびに話し合って問題を解決していた。

この図式は、今も何ら変わっていない。

ほとんどのスポーツにおいて、安全性に関わることも含めて不都合なことが起こったり、面白くないと判断されるたびにルールや規定・規約は変えられている。

このようにプレーが先でルールは後からついてくるものであり、建設的なルール破りが新たな発展の源となることを改めて強調したい。

もちろん、ゲーム中あるいはレース中のルール違反を肯定しているのでは

サッカーやラグビーのルーツとも言える
「フットボール」の初期の試合の様子

ない。スポーツはルールに則って行われるものであり、ルールによって成立するものであることは、十分承知している。

　特に、フォーマルなゲームとして成立しているトップレベルの競技スポーツにおいては、ルールを遵守することは生命線でもあると言える。したがって、国際試合や全国規模の大会のように、試合の当事者同士の合意だけでは勝手にルールや規約を変更できないようなフォーマルな大会になればなるほど、ゲームあるいは競技の中でのルール違反は、たとえそれが建設的なものであったとしても許されるものではない。

　スポーツ（特にフォーマルな競技）における「創造的破壊」は、正当な手続きによって行われるべきものであると考える。また、ルールを守ることが善で、違反することが悪だと、単純に決めつけるようなコーチングは避けなければならない。

　中村は、「ルール違反は、一見"悪"のように見えながら、ゴルフの試合中に相手に気づかれないようにボールの位置を変えるとか、替え玉選手を出場させるとかの不正行為と、（中略）より良い試合をするために"合意"されたルール違反（ここではルールブックに書かれているような内容を変更することを意味する）などを区別しなければならない」としたうえで、「プロ

競技でもないわれわれの草野球や学校体育の授業などでは、むしろ"悪"を楽しみ、"悪"の中から新しい技術や楽しみを発見、創造すべきである」と述べている。

「悪のすすめ」「創造的破壊」は、コーチとしてのひとつの重要な視点であると言える。

[2-8
競技スポーツに向き合うための「覚悟」]

◆競技スポーツは「不平等」で「残酷」なもの

　競技スポーツは相手がいなければできない。集団スポーツでは、双方合わせて複数の人間をそろえなければならない。また、ひとりで一生懸命努力しても、味方がそれなりのレベルにならないと面白くないし、対戦者や対戦チームが歯ごたえのある相手でなければ面白くない。時に、痛い思いもきつい経験も、また危険なこともある。

　このように考えると、競技スポーツは「やる」ことに覚悟のいる行為であ

競技スポーツに関わるすべての人間にとって、競技スポーツ中の「不平等」や「残酷さ」に向き合うための覚悟が必要である　　　　　　　　　　　　　（写真提供／フォート・キシモト）

り、だからこそ価値があると言える。何でも手軽で簡単に欲しい物が手に入る現代社会において、また、大勢の人と協力して額に汗しながら何かを創りあげていくことが少なくなった現代において、競技スポーツを選び、やることは、すでに特別な機会を手に入れたことにはならないだろうか？

　また、競技スポーツは、「不平等」で「残酷」なものでもある。なぜならば、どんなに努力しても、次に勝てる保証はどこにもないからだ。

　スポーツの勝敗は誰の目にも単純で明らかである。どんなに悔しくても、腹立たしくても、それを受け入れ、新たな挑戦のために自ら立ち上がるしか手がない。すぐにうまくなる薬も、勝てる魔法も、絶対に存在しない。暴れたら欲しい物を買ってくれる親がいたとしても、技術や体力、勝利といったものを買うことはできない。

　だから、スポーツは素晴らしいのだと思っている。

　競技スポーツの中にある「不平等」と「残酷さ」が、スポーツの価値を高めていると考える。競技スポーツに関わる限り、すべての人間が、誰にも手出しできない不平等と残酷さに正面から向き合わなければならない。
「やること」自体に覚悟を要する競技スポーツで、さらに大きな壁に挑もうとしているプレーヤーたちに、心からの敬意と拍手を送りたい。コーチとして、彼らとともに歩む喜びと誇りを、素直に表現できるコーチングがしたい。

2-9
勝利者の条件

　マーキストン・キャッスル校は、エジンバラ（英国：スコットランド）郊外にあるパブリックスクールである。創立は1833年、教育水準は極めて高く、スポーツ活動も盛んで、特にラグビー部のレベルの高さは有名であり、数多くのナショナルプレーヤーを輩出している。まさに文武両道の名門校である。

　これから紹介する「勝利者の条件」は、同校の体育館に掲示されてあった数枚のポスターを参考にまとめたものである。*

　一つひとつのメッセージはスポーツ・フィールドにおけるプレーヤーやアスリートに向けたものであるが、その内容はスポーツの場だけではなく、私たちの人生にとっても大切な教訓となり得る。

　「真の勝利者とはどうあるべきか」、そのような思いを込めて「勝利者の条件」という原文にないタイトルをつけた。

1．意欲（How strong is your desire？）

意欲（欲求、願望）は成功への原動力である。
あくなき向上心と競争心、そして勝利への強い意欲をもちなさい。
NO.1になりたいという、燃えるような強い意欲をもたないかぎり、決してNO.1にはなれない。

　＊原文の紹介者は川村幸治・元ラグビー日本代表Aチーム監督であり、翻訳・編集にあたってのご指導もいただいた。

160年以上もの歴史をもつマーキストン・キャッスル校（スコットランド）

2．積極性（Are you an aggressive competitor？）

勝利者は自ら行動を起こす。考え、実践し、そして反省する。
決して事が起こるまで待っていてはならない。
同時に、自分の起こした行動が確かなものとなるよう高めていかなければならない。
勝利者は自らのプレーに責任と自信をもって戦い、そして良い結果を生み出す。

3．意志（Are you a determined competitor？）

強い意志は勝利を生む。
敗北に打ちひしがれることなく、何度も何度も挑戦しなさい。決してあきらめることなく、焦らず一歩ずつ確かな取り組みを続けなさい。
目的を失わず厳しい練習に耐えなさい。
努力しようとする気持ちとそれを継続する強い意志を育てることが、勝利への道となる。

真の勝利者とはどうあるべきかを考えたい
（写真提供／フォート・キシモト）

4．責任感（Do you accept responsibility for your action？）

勝利者は、自らの行動に全責任を負う。
自分に厳しく、他者に抱擁力をもって接しなさい。
自己の失敗は素直に認め、決して他者を責めたり、非難したりしてはならない。
失敗の意義や必要性を知り、そこから大切なものを学びとる力をもたないかぎり勝利は生まれない。

5．感謝（Do you have feeling of gratitude？）

愚かな勝利者は自分一人の力で勝ったような錯覚に陥る。
勝利への過程をしっかりと見つめなさい。
多くの人の協力と声援があって勝利の喜び（プレーの喜び）が生まれたこと

に気づくはずです。
感謝の気持ちをもたないかぎり、本当の勝利の喜びを味わうことはできない。

6．自信（Do you believe in yourself？）

自信は勝者を生む。
勝利者は自分の可能性に自信をもち、胸を張ってプレーする。
どんな場面に遭遇しても、決して諦めたり迷ったりしてはならない。
自己の能力を疑うことなく、自己の可能性を信じなさい。
自分自身を信じられないかぎり、成功はありえない。

7．コントロール（Do you stay cool under pressure？）

優れたプレーヤーは自己をコントロールする能力をもっている。
どんな場面に遭遇しても、決して慌てたり取り乱したりしない。
どんなに激しいプレッシャーがかかろうとも、落ちついて素早く対応できる心のもち主になりなさい。
自分自身をコントロールできない者は決して向上しない。

8．不屈の精神（Can you accept strong criticism？）

成功するためには、精神的な強さは不可欠な要素である。
勝利者は過酷なトレーニングにも決して弱音を吐かない。
勝利者は痛烈な批判にも動じない。彼らはうまくいかない時にあっても、決して腐ったり投げ出したりしない。
不屈の精神をもって、敗北や失敗の中から素早く立ち上がる。

9．吸収力（Are you receptive to coaching？）

勝利者は指導者を尊敬し、彼らの教えを重視する。
勝利者は自身の向上のために良い指導を受けることが必要だということを知っている。
指導者との信頼関係を確かなものにし、彼らから貪欲に吸収しなさい。
吸収力のない（あるいは遅い）者に向上は望めない。

10. 道徳的（Are you a conscientious athlete？）

勝利者は高い人格をもっている。

彼らは強い義務感をもち、チームの成功のために規律を守らなければならないことを知っている。

彼らはチームの利益を第一に考え行動する。自分たちに都合のいいようにルールを曲げたり、解釈したりしない。

11. 信頼（Do you trust other people？）

信じることのできる者が勝利を生む。

互いに信じ合うことなしに、チームの団結や士気は生まれない。

仲間を信じなさい。コーチを信頼しなさい。心を開けて意志の疎通を図りなさい。

■参考・引用文献
- 「日本オリンピック委員会球技系サポートプロジェクト海外視察報告」CD-ROM版 2000年
- 「スポーツ振興基本計画」文部科学省 2000年9月13日
- 「平成12年度スポーツコーチサミット・総合シンポジウム」『スポーツジャーナル』4・5合併号 日本体育協会 2001年
- 清水博『生命知としての場の倫理』中央公論社 1996年
- 川村幸治「日本ラグビー協会強化推進本部の試み」『トレーニング科学』第10巻第2号 1998年
- 川本三郎「シネマに見る人生～ノーブレス・オブリッジ」『AGORA』 2002年
- 中村敏雄『スポーツルールの社会学』朝日選書
- 檀 裕也『時事用語のABC』第532号 http://www.sm.rim.or.jp/~abc/ 2001年7月17日
- 池邊陽『デザインの鍵』丸善株式会社 1979年
- 勝田隆、川村幸治「ヒンツ・フォー・ラグビー」『ラグビー・マガジン』第24巻第6号 ベースボール・マガジン社 1995年

第3章

コーチングの方法を考える鍵

3-1 向上を約束する論理的プロセスの構築
3-2 世界で戦うための資質とは
3-3 トップアスリートを育てる鍵
3-4 コミュニケーション・スキル
3-5 コミュニケーション・スキルを高める5つの鍵
3-6 知る・わかる・できる

METHOD

3-1
向上を約束する論理的プロセスの構築

◆リーダーのディレクト能力がチームや個人の向上を決定づける

　チームや個人が向上していくためのプロセスには、現状の把握、目標の設定、課題の明確化、実践方法の開発と具体化、手順の計画化、そして実践、総括など、おおまかに考えてもこのような流れと作業がある。

　このプロセスは単純な累進系ではなく、それぞれの作業ごとに点検と評価を行い、その結果によって必要なところにフィードバックしたり、またステップアップしたりするものである。

　この一連の流れを「向上のためのフローチャート」（図3-1）と呼んでいるが、このフローチャートは練習および運営の短期計画から長期計画に至るまで、さまざまな分野で用いることのできるマニュアルでもある。

　しかし、このフローチャートは成功した人のノウハウやデータをそのまま用いて模倣しただけでは機能は十分に発揮されず、確実な成果を得ることは期待できない。なぜならば、仮に、問題や課題が数値化されて浮き彫りになったとしても、「どこに戻って対処したら良いのか」、あるいは「どの問題から手をつけたら良いのか」といった、極めて人間的な判断がすべての局面において要求されるからである。

「どのような目標を設定すべきなのか」「誰が何でつまずいているのか」「そのために、どんな練習法をどのくらい行うべきなのか」

　このように、すべては人間の判断と決断によって進められるプロセスであり、そこに関わるリーダーのディレクト能力がチームや個人の発展や向上を決定づけるといっても過言ではない。だからこそ、卓越した観察力や分析力、応用力や開発力、そして実践力や展望力などといった能力が指導的立場にあ

る者に求められる。

◆指導者に求められる、情報やデータに基づいた様々な分析力
　当然、観察するためには、そのための分析作業が必要である。どんな練習を用いるべきかという場合には、練習の目的に沿った分析を行わなければならない。また、実践した結果、どのくらいの向上があったのかという評価のための分析も欠かせない。
　「向上のプロセス」を機能的かつ生産的に動かすためには、コーチの個人的な資質に加えて、確かな情報やデータに基づいた様々な分析が必要となってくる。「コーチやリーダーの経験から得た勘や知識だけで勝負できるほど、世界は甘くない」。このことは誰もが十分に認識しているはずだ。

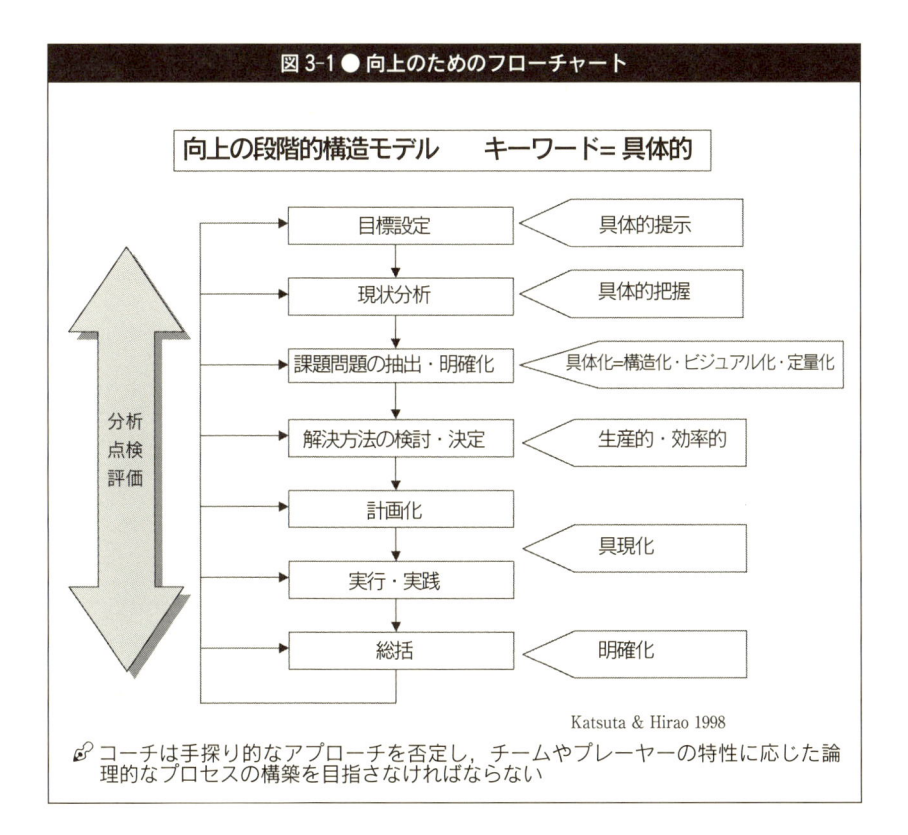

図3-1 ● 向上のためのフローチャート

向上の段階的構造モデル　　キーワード＝具体的

- 目標設定 ← 具体的提示
- 現状分析 ← 具体的把握
- 課題問題の抽出・明確化 ← 具体化＝構造化・ビジュアル化・定量化
- 解決方法の検討・決定 ← 生産的・効率的
- 計画化
- 実行・実践 ← 具現化
- 総括 ← 明確化

（分析・点検・評価）

Katsuta & Hirao 1998

🔖 コーチは手探り的なアプローチを否定し，チームやプレーヤーの特性に応じた論理的なプロセスの構築を目指さなければならない

科学的なトレーニングやコーチングの必要性が叫ばれて久しいが、コーチに必要な科学とは、IT（information technology：情報技術）を駆使したり、データを活用したりすることだけではない。

　私はコーチングにおける科学を「効率的で生産的な営み（プロセス）」と定義している。失敗や成功を次のステップに確実に生かそうとするならば、手探り的なアプローチを否定し、チームやプレーヤーの特性に応じた論理的な向上のためのプロセスの構築を目指さなければならない。

3-2
世界で戦うための資質とは

◆海外を転戦して回る経験が、選手をたくましく成長させる

　コーチングをするうえで、枝葉の部分ではなく、プレーヤーやアスリートとしての「幹となる資質」から育てることの重要性については第1章で述べた。

　ここでは、頂点を目指す競技者が大舞台で活躍するために必要と思われる「幹となる資質」を考える際に、ヒントとなるような興味深い話題を紹介したい。

　日本人初の9秒台への挑戦を続け、2000年に引退した陸上男子100m走の日本記録保持者・伊東浩司は、現役時代に『現代スポーツ評論』第1号（創文企画）で増島みどりのインタビューに答えて、次のようなコメントを残している。「今、日本の（陸上）選手が目指さなければならないのは、（陸上競技ではなく）トラック＆フィールドだ」

　伊東は、1999年夏、欧州各都市を転戦しながらポイントを競い合う賞金レース「ヨーロッパ・グランプリ・サーキット」に初めて単身で出場した。「渡航などは陸連、富士通の力で何とかなりますが、現地での様々な交渉が本当に辛い。部屋も、僕レベルですと相部屋しかあてがわれないため、初対面のアフリカ選手と同部屋にされ、訳がわからず気持ちも休まる暇がなかった。そして、欧米では認知されている代理人がボクらにはいないために、交渉では常に不利です。コースを見ても明らかです」と回想する。

　同じ記事の中に、1995年世界陸上選手権で男子400m障害走のファイナリストとなった山崎一彦が、単身で欧州に乗り込んだ時の経験談も併せて紹介している。

　「言葉もわからない。ホテルや交通費もすべて記録次第です。出場者リス

国際競技力を身につけるためにも、海外での武者修行的な経験が必ず役に立つ

トにまず名前を記してから、ランキング、また政治力によって上位選手から取られる（大会の出場が決定される）わけですから、当然キャンセル待ちをしなくてはならないこともある」

「ある時などは、キャンセル待ちのかいあって出場がかない、ウエアに着替えて準備したと思ったら、ランク上位選手が登場したために、荷物を抱えてスタンドへ、などということもあった」

　このような例は、陸上競技界だけの特別なものではない。スキーでもテニスでも、ジュニア時代から武者修行のごとく海外を転戦しながら世界を目指している若者は多数存在し、彼らは皆、伊東や山崎のような経験を当たり前のようにしている。

　あるスキー関係者は「アルペン競技と比べて、スポンサーのバックアップ体制が十分でないスノーボーダーのほうが、自分自身の力で海外を渡り歩かなければならないことが多いために、語学力も含めて（アルペン競技者より）たくましく成長している傾向にある」と語る。

　元プロテニスプレーヤーとして活躍した佐藤直子も「16歳から海外遠征

を始めましたが、いつも一人でした。大会会場に行く交通手段さえわからず、同時にとても寂しかった。各国代表の同世代も一人で来ていました。豊かな家庭の子ばかりではなく、彼女たちが節約している姿を見て、私もホテル代がもったいないので駅やトイレで寝たこともあります」と語っている。

◆世界で戦うために必要な能力とは

本書の監修者でもある筑波大学教授・河野一郎は、トップアスリートに求められる資質と能力を3つのカテゴリーに分けている（図3-2）。河野は、この中でも特に「カテゴリー3」は国際競技力を身につけるうえで極めて重要な能力であると語っている。

一見ストレスを感じるような場面や突発的な未知の場面に遭遇した時でも、常に自分自身のするべきことを見失わず、その状況をポジティブにとらえて楽しめるような能力がなければ、世界の舞台では戦えないということである。

「外」に出なければ、本当の経験、すなわち後になって自分の糧となるような経験は得られないのではないだろうか。経験（experience）という単語

図3-2 ● トップアスリートに求められる資質と能力

カテゴリー1
・知識と情報力
・記憶力
・応用力：一般化能力
・行動力（行動を起こす早さ）
・問題解決能力

カテゴリー2
・クロスカルチャー能力
・コミュニケーション能力（語学力）
・プレゼンテーション能力

カテゴリー3
・人と騒げる（初対面の人とも一緒に楽しめる）
・ひとりになれる時間と場所を見つけることができる

河野　2001

🔍 プレーヤーとしての「幹となる資質」から育てることが大切だ

の接頭語「ex」は「外へ」という意味がある。したがって、言葉の意味から考えても、本当の経験とは外へ出ることから始まることになる。自分の殻から外へ出ること、ツアーガイドなしで外へ出ること、冒険すること、というように、外へ出なければエキサイティングなことも手に入らないと確信する。エキサイティング（exciting）も、冒険、探検（exploring）も、頭に「ex」がついているからだ。

　先述の伊東のインタビュー記事の最後に、「国内を中心に（強化）したほうがよいのでは」という専門家からの指摘に対するコメントが記されていた。

　「自分自身を削るような経験（海外での武者修行）をした中で、ひとつだけわかったことがある。それは、どんなに苦しくても、世界の標準、つまりグランプリを彼らと同じように渡り歩き、レースをこなし、その中で五輪や世界選手権をねらうこと以外に戦いの場はない」

3-3
トップアスリートを育てる鍵

◆**有望な選手を指導・育成する「エリート・プログラム」**

　国際競技力の向上に向けた取り組みを国家規模で展開している国々では、トップレベルの競技力を飛躍的に向上させるために、「エリート・プログラム」と呼ばれる特別な取り組みが行われ、成果をあげている。

　このプログラムは、将来的に有望なアスリートをピックアップして英才教育を行うものであるが、現在、アメリカやドイツ、フランス、オーストラリアなどで見られるものは、競技者の意思よりも国家の意思が優先されたかつての社会主義国の育成法とは異なり、アスリートの意思を尊重し、競技を離れた彼らの人生への支援まで含めたものとなっている。

　プログラムの規模や内容は、当然、それぞれの事情によって異なるが、目的は「国際舞台で活躍する人材を発掘し育てる」ことにあり、その展開方法としては、医・科学からの支援も含めた「トータル・サポート・システム*」と「一貫指導システム*」の中で実施されているケースがほとんどである。

　各国および各競技団体などにみられる「エリート・プログラム」の具体的な内容をモデル化すると、以下のように集約できる（表3-1）。
①体格や体力の向上を目的としたプログラム
②ゲームや運動構造、ルールなどの理解向上のためのプログラム
③技術や戦術に関するプログラム

　＊トータル・サポート・システム：コーチ、トレーナー、ドクター、アナリスト、科学者、マネジャーといったそれぞれの専門スタッフ（分野）が、総合的かつ有機的に組織化されて、競技者の競技力向上を支援するシステム。

　＊一貫指導システム：一貫した指導理念に基づいた指導が、若年層からトップレベルまで、その時々に応じて適切に展開されるシステム。

表 3-1 ● 日本オリンピック委員会のエリートプログラム

	オリンピック強化指定選手制度(現行)	アスリートプログラム(モデル案)
経済支援	オリンピック特別強化指定選手への助成	エリート、ユースエリートへの助成
プログラム支援	① 医・科学サポート ② 語学研修機会提供	① 医・科学サポート ② 語学力向上プログラム ③ 国立スポーツ科学センターなどのサービス提供 ④ インターネットを用いた情報提供 ⑤ IT/SCIENCE研修(情報機器&スポーツ科学等活用研修) ⑥ コミュニケーションスキル向上プログラム ⑦ オリンピアンプログラム(エデュケーションプログラム) ⑧ キャリアサポート

JOC GOLD PLAN. 2001

④栄養学・心理学・社会学といった一般教養的なプログラム
⑤社会性や国際性を向上させることをねらいとした「パーソナル・スキル」に関するプログラム
⑥情報機器も含めた情報活用能力を向上させようとする「情報リテラシー*」に関するプログラム
⑦進学や就職といった引退後について考え、そのための準備などを支援する「キャリア・サポート・プログラム*」

これまでに述べてきたトップアスリートとして必要な「幹となる資質」と

＊情報リテラシー (literacy)：情報収集・加工・提示・管理など、「情報」を効果的に使いこなす能力のこと。

＊キャリア・サポート・システム：競技者が安心して競技生活に打ち込めるように、様々な面で支援するシステムのひとつ。進路や就職に関する情報提供、進路相談、就職斡旋、資格取得、金銭的補助、といった支援がある。中には、家庭教師の世話や、競技に専念するための休職中の給与保障まで面倒をみるプログラムもある。

は、「①から⑦に示したような能力」ということになるだろう。その中でも、人間性や社会性、そして国際性に関する資質を高めることは特に重要である。なぜならば、これらの資質は世界を目指す意味や価値、あるいは挑戦することの素晴らしさを、具体的かつ明確に見出す能力のベースになると思うからだ。そして、アスリートとして、あるいはアスリート以外の人生において、成功する鍵でもあると言えるだろう。

◆幹となる資質を育てる鍵はコーチの手に委ねられている

　サッカーの前日本代表監督のフィリップ・トルシエは「選手の優れた人間性は、身体能力や技術と並ぶ重要な条件である」と述べた。

　また、ニュージーランドのラグビープロコーチでもある友人は「最近のわがユース年代の代表プレーヤーは、前よりずっと成熟し、大人になってきている。この傾向は、明らかにNZアカデミー（ニュージーランド・ラグビー協会の国家的な強化機関）のエリート・プログラムの成果だ」と喜んでいた。

　しかし、明日の国際舞台で戦うエリートたちは、特別なプログラムに直接関わるコーチたちの手だけで育てられるわけではない。彼らは皆、学校や企業、あるいはクラブに所属し、そこに所属するコーチたちの指導を受け、多くの時間を共有している。したがって、エリートの輩出はもちろんのこと、エリートを育成し強化するためには、競技者の実家とも言うべき、彼らの所属するクラブのコーチの理解とコーチングの質が重要な鍵となる。

　エリートが発掘され、順調に育つためには、優秀なプログラムが必要であることは言うまでもないが、その展開にあたってはプログラムの理念や内容を十分理解した優秀なコーチが全国に多数存在することが前提となる。

　わが国においても、国際競技力向上のための鍵と考えられている「一貫指導システム」や「エリート・プログラム」、あるいは「トータル・サポート・システム」などの取り組みがダイナミックに展開され、成果をあげるようになるためには、指導の方向性を同じくする質の高いコーチの育成が急務である。「あいつを育てているのは俺だ」と言わんばかりに、アスリートやプレーヤーの意志を無視して囲い込むようなコーチがいるとしたら、エリート・プログラムは成立しないばかりか、才能ある人材の将来も失われることになる。

3-4 コミュニケーション・スキル

◆コミュニケーションとは互いの意見や考えを交換し、分かち合うこと

　日本初のビジネスコーチ育成のための事業を展開している鈴木義幸は、「コーチングとは、ひと言で言うと、相手の自発的行動を促進させるためのコミュニケーションの技術である」と述べている。

　この鈴木のビジネスにおけるコーチングの定義は、スポーツのコーチングにも当てはまる。また、本書のテーマ「コーチングとは何か」という命題に対する、明快な回答のひとつでもある。情報を共有し合い、円滑な人間関係をつくりあげていくという意味から、コーチングを技術（スキル）と定義づけていることにも首肯できる。

　「スポーツにおけるコーチングとは、人が人にどう関わっていくかという最も人間的な営みである」と前述したが、そこには、当然、鈴木の言うように「相手の自発的行動を促進させるためのコミュニケーション」が重要なスキルとして存在し、コーチングのレベルを決める中心的な要素になるという考えからである。

　「コミュニケーション（communication）：伝達、意思疎通」という言葉だが、もともとは「他の人と分かち合う」、あるいは「共有する」という意味のラテン語「コンムーニカーティオー（communicatio）」が語源であると言われている。したがって、この語源から、コミュニケーションとは互いの意見や考えを交換し合い、分かち合うことであり、そのための技能が「コミュニケーション・スキル」であると解釈している。

　コーチがプレーヤーに対して自分自身の考えや論理を一方的に主張するのは、コミュニケーションを図るという作業とは異なり、そのようなコーチの一方通行的行為は本質的にはコーチングとは言いがたい。指導する側（コー

平尾誠二・ラグビー日本代表前監督

チ)に、される側(プレーヤー)の意見や考えを尊重し共有しようとする姿勢、すなわちコミュニケーションを大切にしようとする姿勢がなければ、コーチングはそこに成立しない。

　ラグビー日本代表前監督の平尾誠二は、監督時代、「日本代表チームを"知識創造型の集団"へ移行させるためには、従来からみられるような"決定・命令型"の指導ではなく、"提案・誘導・納得型"の指導に変えなければならない」(図3-3)と言っていた。私自身も、従来の日本の指導に関しては、コーチングというよりも「指示・命令」という意味での「インストラクション(instruction)」であり、「監督・管理」という意味での「ディレクション(direction)」的なやり方が多かったように思う。

◆会話の内容や言葉に輝きを与えられる技術を身につける

　コミュニケーション・スキルとはどのような技術であり、どのようにして身につけるものなのだろうか。

　コミュニケーション・スキルに関して、スポーツ心理学者の粟木一博(仙

台大学助教授）は次のように述べている。

「"言わなければわからない" "わからないことはすぐに尋ねる" はコミュニケーションの基本である。まず、自分の立場、疑問点などを正確に主張できる技術を獲得する必要がある」

「（コミュニケーションを促進するためには）自己を主張する技術だけでなく、他者を理解するための技術ももち合わせていなければならない」

「コミュニケーションを円滑にするためにはある一定のスキルが必要であり、

図3-3 ● 1997～2000年当時のラグビー日本代表チームの考え方

●**知識創造型の集団への移行**

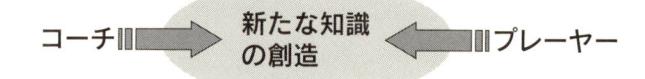

コーチ ⇒ 新たな知識の創造 ⇐ プレーヤー

コーチ・プレーヤー間の双方向のやりとりのなかで、新たな知識が創造される

・プレーヤーとコーチのディスカッション必要
・コーチはプレーヤーの知識を知ることができ、その知識をベースに新しい知識の注入が可能
・新しい知識をチーム全体の知識として共有

平尾, 宮尾. 1997

●**コーチングスタイル（目的地への届け方）**

知識伝達型チーム　　　　　　　　知識創造型チーム

決定型（命令型）説得型　⇒　情報提供型／誘導型／納得型

プレーヤーに考えさせる場を提供
自主性や主体性の発生する土壌

平尾, 宮尾. 1997

「決定・命令型」の指導ではなく、「提案・納得型」の指導を！

それはトレーニングによって洗練することが可能であるという立場をとる」

　さらに、コミュニケーションを円滑に図るためには単なる言葉や内容だけではない様々な要素が存在し、これが極めて重要な働きをすると考えられる。

　たとえば、信頼している人から受ける指摘や注意とそうでない人から受ける指摘とでは、まったく同じ内容であっても、自分自身の受け入れ方に違いがあることを誰もが経験的に知っている。

　「空気が読める」「"場"の設定がうまい」「聞き上手」「誉め上手」「言い出すタイミングがいい」「言葉の使い方（選び方）がうまい」。これらの評価はコミュニケーションを図るうえで、内容以外の重要な要素が存在することを示唆している。そして、このような能力によって会話の内容や言葉は生きたものとなり、その結果、受け手の側には「話を聞いてもらってよかった」「また、あの人と話してみたい」となるのである。会話の内容や言葉に輝きを与えられるような技術も、コミュニケーション・スキルのひとつである。

　ラグビー23歳以下日本代表コーチを務めた時に、当時の監督（境政義）から「選手のほうから請われるコーチングをしてください」と言われた経験がある。「コーチから先に選手を部屋に呼ぶようなコーチングは、絶対にしないでもらいたい」と言われたのだ。学校の教師を永年経験し、「生徒は呼べば来るものだ」という考えをもっていた私にとって、この時ほどコーチングの難しさを認識させられたことはなかった。この経験は大変貴重なものであり、「素晴らしい勉強のチャンスをもらった」と、今もこの監督には心から感謝している。

　冒頭で紹介した鈴木は「相手の思考を"しなければならない"から"したい"に変えられる技術は、コーチングによって学ぶことができる」とも述べている。コーチングのレベルを高めるということは、一方向的な教授方法を高めることが中心ではなく、双方向の意思疎通のレベル、すなわちコミュニケーション・スキルのレベルを高めることであると言っても間違いではないだろう。

　「何を伝えるか」という能力と「どう伝えるか」という能力が、コーチングに不可欠なものとして存在することをコーチは忘れてはならない。

3-5
コミュニケーション・スキルを高める5つの鍵

　信頼関係なしにコーチングは成立しない。
　この信頼関係を構築するために重要なのがコミュニケーション・スキルである。また、コーチはプレーヤーのやる気を促進させるためにも、コミュニケーション・スキルを身につけなくてはならない。
　コミュニケーション・スキルのポイントを、「観察する」「耳を傾ける」「尋ねる」「受け入れる」「提案する」の5つの分野に分けて、それぞれの分野でコーチングの鍵となる要素について説明したい。

1．観察するための鍵

　すべての出発点は観察から始まる。目の前の現象を具体的かつ的確に分析し把握する能力は、コーチングの生命線とも言える。

[Key Factor]
- 可能性：良い面を探すことを優先する。
- 固定観念：固定観念をもって観察しない。
- 小さな変化：小さな変化を見落とさない。
- 着眼点：目的をもって観察する（見ようと意識する）。

2．耳を傾ける時の鍵

　プレーヤーに何かを与えているという発想ではなく、与えられているという姿勢が重要である。プレーヤーから課題を得なければ、コーチングは成立しない。

[Key Factor]
- タスク・ゲッティング（task getting）*：プレーヤーの「心音（言葉にならない心の言葉）」に耳を傾け、課題をいただくという姿勢が大切。
- 場のダイナミズム*：会話が促進されるような「場」と「空気」を設定し、大切にする（図3-4）。
- アイス・ブレイク（ice-break）：相手の緊張や、「場」の雰囲気を和ませる工夫をする。

図3-4 ● 「場のダイナミズム」を重要視した合宿での「場」の設定（モデル）

**情報の集積・創出・共有化を目的とした
ラグビー日本代表チーム（1997-2000）の工夫**

① 生活環境（部屋割り）
　・スタッフルーム：選手とは異なるフロアに
　・分析ルーム：スタッフフロアと同じ階で、スタッフが気軽に出入りしやすい位置に
　・トレーナー・ドクタールーム：スタッフフロアとは異なるフロアで、エレベーターに近い位置に
② 食事場所（図参照）
　・社交の場、リラックスできる場として
　・選手が少しでも長く留まるように
　・みんなが集まり、楽しめるように
　・円卓、バイキング方式
　・連絡用ボード
③ ミーティングルーム
　・椅子や机の配置にこだわる（教室型ではなくシアター型）
　・常時VTRが見られる環境を
　・ホワイトボード、ペーパーボードの常設（それぞれ最低3つ）
　・提示資料の掲示にこだわること

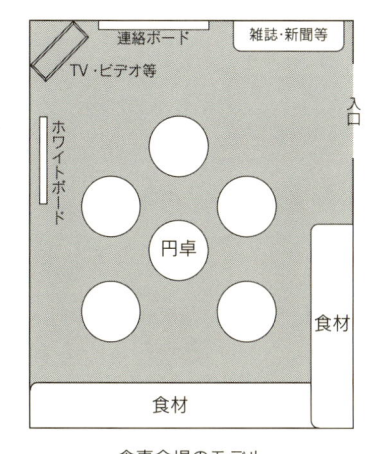

食事会場のモデル

平尾、勝田　1999

🔖 会話が促進されるような「場」と「空気」を設定し、情報を共有・創出させよう

3．尋ねる時の鍵

　プレーヤーの要求やプレーヤーを導く方向を明確にしていくには、適切な質問をタイミングよく投げかけることが必要となる。質問することが、相手に対する興味や理解を示すメッセージにもなる。

[Key Factor]
- ファシリテイト（facilitate）：相手の答えを引き出しながら、相手の考えを整理させたり、建設的な方向に向けさせる促進者としての役割を意識する。
- チャンク・ダウン（chunk-down）＊：「できなかったことを具体的に話してもらえる？」というように、相手の答えを受けて、さらに具体的な質問で返していく。
- クローズド・クエスチョン＆オープン・クエスチョン：Yes・Noを迫る質問（closed question）と、5W1H（いつ、どこ、誰、なに、なぜ、どのように）で始まる質問（open question）の両者をうまく活用する。
- 尋ね上手：「答えはコーチが最初からもっている」といった意識をプレーヤーに抱かせない。
- 禁句：相手を追い込んだり、責めたりするような質問をしてはいけない。

4．受け入れるための鍵

　プレーヤーとコーチの信頼関係は、互いに認め合うことで成立する。プレーヤーをどのように受け入れているのか、どう評価しているのか、コーチが自分自身の胸のうちを確かめてみる必要がある。ネガティブな意識はどんなに繕っても、必ずプレーヤーに伝わる。コーチとしての度量を問われるファクターである。

　　＊タスク・ゲッティング（task getting）：慶応大学教授の村田昭治は、「営業」のことを「タスク・ゲッティングワーク、宿題をいただく仕事」と述べている。
　　＊場のダイナミズム（dynamism）：人が関わる様々な「場」を活性化させようとする概念。
　　＊チャンク・ダウン（chunk-down）：「かたまり（chunk）をほぐす」という意味。（「チャンク・ダウン」「クローズド・クエスチョン＆オープン・クエスチョン」ともに鈴木義幸『コーチングが人を活かす』（ディスカバー21）より）

コミュニケーション・スキルを身につけるためには、5つのポイントが重要になる

[Key Factor]

- パートナー・シップ：相手の人格や立場を尊重し、共同、協力して目的達成しようとする姿勢をもつ。人格に及ぶ評価は絶対にしない。
- 楽観的評価：プレーヤーの失敗や成功をどのように受け取めるかで、その後の取り組みは大きく変わる。「できない」ととらえる悲観的な評価よりは、「できないことも、できないときもある」と受け取めたほうが良い。プレーヤーの希望のもてる評価を重要視する。
- エンカレッジメント（encouragement）：プレーヤーが適切な（自尊心の塊に陥らないような）誇りをもてるように、激励し勇気を与える。
- 小さな勝利：小さな成果や成長を見逃さず、具体的に褒めることを忘れない。
- ノー・プロブレム（no problem）：何か問題が起こった時に、それを問題とせずに「課題」として受け取める。また、問題が起こったことはチャンスと考える。
- 間接的評価：成果や成長といったポジティブな評価については、時に第三

者の言葉を借りて伝わるようにする。

5．提案する時の鍵

　自ら積極的に取り組むような姿勢を啓発するためには、やらされているという意識を植えつけない。そのためには、命令型ではなく、提案型のコーチングを心がけるべきである。言葉の提案だけでなく、やって見せるという提案のスキルも重要である。

[Key Factor]
- プレーヤーの判断を尊重：プレーヤーが「ノー」と言える自由がある提案をする。
- 客観的資料：客観的データやVTR映像などを適切に活用する。
- 情報の質と量：情報を提示する場合、その情報の質と量（一度に多くを与えない）、そしてタイミングに十分配慮する。
- 表情語で提案：提案する際には、言葉に表情をもたせることが大切。思いを込めて提案する姿勢が重要である。

3-6
知る・わかる・できる

◆3段階に分ける向上のプロセス

　日本のスポーツ運動学の第一人者でもある金子明友（前日本女子体育大学学長）は、「運動学習は、"わかる"と"できる"の統合によって成立する」とし、新しい運動を覚えるためには、「動きの＜かたち＞の発生にかかわって＜わかるような気がする＞段階、＜できるような気がする＞段階のプロセスを重視する学習指導が大切となる」と述べている。

　また、「やろうとしてできない」子どもを「能力がない」と言って叱りとばし、「やろうとしてもできない」子どもを「できようとしない」と言って怠け者扱いにするのは、人間形成の貴重な契機を提供している運動発生の本質構造から目をそらしたものと言うしかあるまい、と批判している。「どんな状況でできるようになれば、"できる"と判断するのか」、「できる」の判断基準の運動像について、指導者の勝手な理想像を押しつけることなく、「子どもの運動の学習可能性を見抜き」、適切な課題を与えることができる指導者の能力についても指摘している。

　ここでは個人あるいはチームが向上していくプロセスを「知る」・「わかる」・「できる」という3つの段階に大きく分けている(図3-5)。

　当然、誰しも与えられた課題に対して、偶然の場合を除いて、瞬時に完璧な解答を出すことはできない。したがって、コーチングに際しては「現在、プレーヤーやチームがどの段階（レベル）にあるのか」ということをしっかりと把握し、その状況に応じて次のステップやアプローチを考えていくことが重要となる。

図3-5 ● 向上のためのプロセス

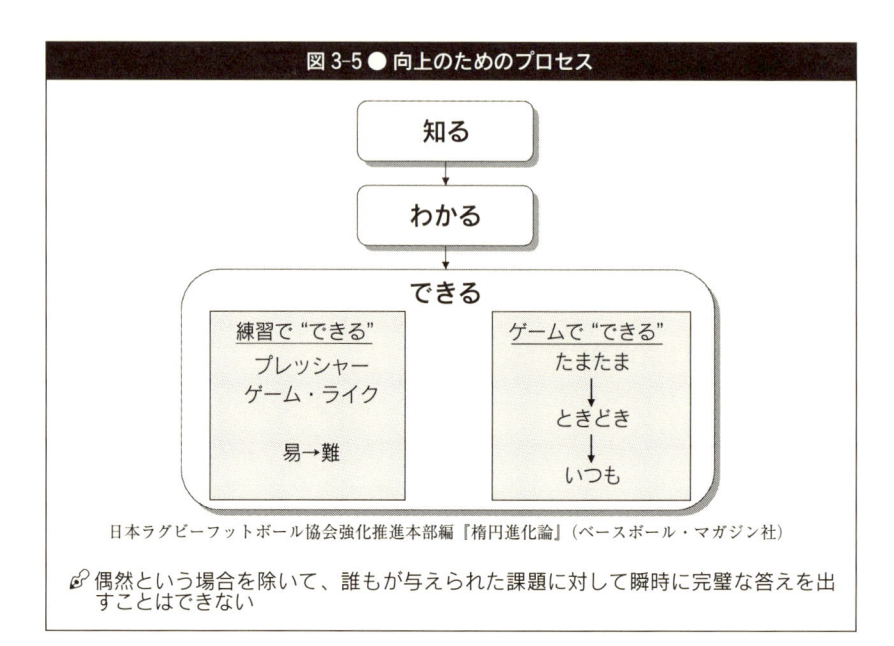

```
知る
 ↓
わかる
 ↓
できる
```

- 練習で"できる"
  - プレッシャー
  - ゲーム・ライク
  - 易→難

- ゲームで"できる"
  - たまたま
  - ↓
  - ときどき
  - ↓
  - いつも

日本ラグビーフットボール協会強化推進本部編『楕円進化論』（ベースボール・マガジン社）

  偶然という場合を除いて、誰もが与えられた課題に対して瞬時に完璧な答えを出すことはできない

1.「知る」

　「知る」は学習の方法や展開（道筋）を知ることと、自分自身の現状を具体的に把握することに分けられる。この段階では、プレーヤーは知らないことやできないことを科学的に知ることが重要である。

　ギリシャの哲学者ソクラテスは、「私は、自分が知らないということを知っている」と述べたというが、まさにこの「無知の知」として知られている哲学こそ向上の第一歩であり、極めて重要な自己認識であると言えるだろう。

　この段階でのコーチングでは、プレーヤーが「できないこと」「知らないこと」は当然であり、これが進歩への第一歩なのだと肯定的にとらえ、プレーヤーの興味が失われないように注意を払うことが何よりも優先されるべきである。

2.「わかる」

　二番目のこの段階では、「わかるような気がするレベル」と「わかるレベ

相手や天候の変化などに左右されない、「できる」という確信が必要である　　(写真提供／フォート・キシモト)

ル」がある。

　プレーヤー自身が以前経験した情報などを参考にして、そこからの推測で部分的に気づくレベルが「わかるような気がする」であり、行うべき動きや勝つイメージといった全体像が明確になったと感じられるのが「わかるレベル」である。

　この段階にあるプレーヤーは、きっかけやコツのような、できるようになるために必要な何かをつかみかけていることが多い。コーチングにあたってはそのことを十分認識し、プレーヤーたちがそのきっかけやコツを自らの手でつかむようなサポートを心がけることが大切である。

3．「できる」

　「できる」には、たとえば、「相手がいなければ」という条件つきでできるというものもあれば、プレッシャーのかからない場面でならできるというものもある。あるいは、「たまたまできた」というものや「時々できる」というレベルもある。

この段階でのコーチングにおいて重要なことは、「プレーヤーがどの"できる"状態にあるのか」を把握し、プレーヤーの「できるレベル」に応じた適切な練習課題を設定するなどして、「いつもできる状態」を目指したサポートを行うことである。具体的なサポートのひとつとして、プレーヤーの出来栄えを適切にフィードバックしてやることも重要である。

　言うまでもなく、プレーヤーは練習でできたからと言って、試合でできるとは限らない。相手や天候の変化などによって、できたことができなくなることも不思議なことではない。

　コーチに求められることはプレーヤーのできそうな気がするという不安定な感覚を、「できる」という確信に変えるサポートである。そのためには、様々な場面において、実際に「できた」という経験を積み重ねさせることが重要となるだろう。コーチとしての手腕が問われるところでもある。

4．記録に残す

　最後に、「なぜ、できたのか」という要因とプロセスを客観的な記録として残していくことも重要である。なぜならば、できた、できなかったという結果は、どんなレベルであれ、そのプロセスを記録として残しておくことで自分自身の特徴を客観的に知る手がかりとなるからだ。

◆あらゆる状況を想定した指導の重要性

　いずれにしても、コーチはプレーヤーがどんな条件下でも「いつもできる」ように、あらゆる状況をシミュレーションしたうえでトレーニングを処方する必要がある。「練習でできたから、試合でできるとは限らない」という当たり前のことを、コーチも、そしてプレーヤーも肝に銘じておく必要がある。

　元オックスフォード大学ラグビー部の監督を務めたリン・エバンス（Lynn Evans：英国）は、ラグビー界の世界的名指導者ピエール・ヴィルプルー（Pierre Villepreux：フランス）のコーチングについて、「ピエールのコーチングは、失敗を許し、そして、徐々にプレーヤーたち自らがより良い解決方法を求め、見つけ出せるように導いていく。これは時間を必要とする作業である」と述べている。「ローマは一日にして成らず」という格言が

いかに示唆に富んだものであるか、改めて理解できる。

　プレーヤーやチームの真の向上は一朝一夕でいくものではなく、コーチングという作業が根気のいるものであることを、われわれは再認識すべきであろう。

■参考・引用文献
・勝田隆「あとがき」「知る・わかる・できる」『楕円進化論』日本ラグビーフットボール協会強化推進本部編　ベースボール・マガジン社　1998 年
・増島みどり「世界への挑戦―伊東浩司の場合―」『現代スポーツ評論』第 1 号　創文企画　1999 年
・佐藤直子「学校と私」『毎日新聞』　2001 年 9 月 24 日朝刊
・河野一郎「世界で活躍できる競技者の組織的・計画的な育成・強化」スポーツコーチサミット　文部科学省　2001 年
・鈴木義幸『コーチングが人を活かす』ディスカバー 21　2000 年
・勝田隆「進化したゲーム分析の戦い」『日本ラグビーフットボール協会機関紙』vol.48-5　1999 年
・村田昭治『マーケッティング・ハート』プレジデント社　1998 年
・金子明友、吉田茂、三木四郎『教師のための運動学』大修館書店　1996 年
・Lynn Evans　*Visit to Pierre Villepreux and Pierre's visit to Oxon Coaching Conference*　1994 年

第4章
練習を考える鍵

4-1 練習の構成を考える
4-2 ゲームのように練習を組み立てる〜ゲーム・ライク・プラクティス
4-3 逆算して練習を組み立てる〜M-T-M Method〜
4-4 攻防形式だけで練習を組み立てる〜ヴィルブルー方式〜
4-5 スカウティング情報をもとに練習を組み立てる〜情報戦略型練習〜
参考資料：1999年ラグビー日本代表チームの練習の組み立て方（試合期）

TRAINING

4-1
練習の構成を考える

◆練習は「時間」ではなく、内容が問題である

「間違ったことを練習するのは何の意味もない」
「どんな練習をしていくべきか」

個人の成長もチームの向上も、ひとえに練習の正否にかかっている、と言っても過言ではない。

私は「時間を大切にできないコーチは失格である」と思っている。ただし、時間を大切にするとは、何時間練習をやったかということではない。プレーヤーと過ごす時間は彼らの大切な時間を使用していると考えるならば、時間を有効利用することがどういうことなのかが見えてくるのではないだろうか。

さらに、何を練習し、練習によって何が向上したのかが重要である。「最高の練習とは何か」「なぜ、練習するのか」「何のために、誰のために、練習するのか」をよく考えなければならない。練習ではうまくできるのに、本番になると力が発揮できないという「練習上手」になってしまうのは、練習のどこかに不十分な点があることは明らかである。

本章では日々の練習(トレーニング)の構成について、特に、瞬時の状況判断を必要とするボールゲームを対象とした考え方や方法をいくつか事例的に紹介したい。日々の練習を組み立てるうえで、参考にしてほしい。

なお、文中、「段階的(累進的)な練習方法*」が刻々と変化するボールゲー

---

*段階的な練習方法:運動技能の構造に即して、練習の設定を簡単なことから徐々に難しくしていくやり方。基礎スキーの指導に見られるように、部分的にできるようにしてから全体の動きへとつなげていく方法や、滑走斜面を徐々に難しくしていくなど、課題となる条件設定を変えていくやり方などがこの方法の代表例である。目指す運動技能をいきなり最初から行わせるには無理がある場合や、安全性の面で心配される場合などに効果がある。

ム型の練習には不向きであるかのような印象を与える個所があるが、それは段階的な練習そのものを否定するものではないことをあらかじめ述べておく。

　運動技能の構造に即して、練習の設定を簡単なことから徐々に難しくしていく段階的な練習は、安全性の面で心配される場合や、目指す運動技能をいきなり最初から行わせるには無理がある場合に効果があることは十分承知している。

　しかし、問題は段階的な練習そのものではなく、硬直化した段階的な思想に基づいた練習の構成である。つまり、「パス動作もまともにできないのに、ゲームなんてとんでもない」、あるいは「キャッチボールもまともにできない選手は試合に出さない」。だから「キャッチボールのできない者は、まずキャッチボールの練習だけやっていればいい！」といった考え方である。

　私が問題としているのはこのような練習であり、このような練習を良しとする指導者の考え方である。（サッカーの）ボール・リフティングが100回連続でできたからといって、ゲームで活躍できるとは限らない。このことを念頭において、本章を読み進めていただきたい。

4-2
ゲームのように練習を組み立てる
〜ゲーム・ライク・プラクティス〜

◆次のプレーを予測し、適確に対応する能力を向上させる

　集団ボールゲームの練習の構成について、山形大学の大神訓章教授は、バスケットボールの指導の立場から極めて興味深い報告を行っている。

　このレポートは実際にアメリカでの観察に基づくもので、「日本とアメリカのバスケットボールドリルの内容、構成に大きな違いを認めることができた」と語る。

　カルフォルニア州立大学ドミングヒル校（CSUDH）バスケットボール部の練習内容を例にとって、「すべての練習がゲーム・ライクに構成され、指導状況から判断してもゲーム・ライクに進められていた」と述べ、その練習を「ゲーム・ライク・プラクティス（game like practice）」と名づけた。大神の言う「ゲーム・ライク」とは、私流に解釈すれば「ゲームと同じように」という意味であり、したがって、ゲーム・ライク・プラクティスは「練習の初めから終わりまで、ゲームのようなシナリオで構成する練習」ということになる。

　図4-1はドミングヒル校のある1日（3時間）の練習内容を、大神自身が観察してまとめたものである。この日の練習項目（ITEM OF DRILL）は実に26種類。ひとつのドリルは長くて15分程度であり、様々なドリルが次々と行われていることが読み取れ、同校の練習がゲーム状況から抽出される要素を軸に、豊富な項目で構成されていることがわかる。

　基本的なパス動作の練習をしていたと思ったら、急に速攻の練習。リバウンドの練習をしていたと思ったら、急に防御の練習。約3時間の練習は、ヘッドコーチの指示で目まぐるしく変化し、大神はその練習を「脈絡のない練習」

図4-1 ●ドミングヒル校バスケットボール部の1日の練習内容

```
TABLE-1 CHECK LIST OF SKILLS AND TACTICS IN CSUDH

I. FUNDAMENTALS
 1. PASSING
 2. CATCHING
 3. SHOOTING
 4. DRIBBLING
 5. RUNNING
 6. ATTITUDE
 7. PERIPHERAL VISION
 8. DECEPTION
 9. CONCENTRATION

II. INDIVIDUAL OFFENSIVE PLAY
 1. PLAYING AGAINST DEFENSIVE MAN
 2. RECOGNIZING YOUR OPPONENT
 3. MANEUVERING FOR POSITION
 4. KEEPING ON THE MOVE
 5. MOVING WITH PURPOSE
 6. EMPLOYING SPEED AND DECEPTION
 7. INDIVIDUAL OFFENSIVE MOVE
   1) PLAY HIGH AND LOW
   2) REVERSE DIRECTION
   3) CHANGES OF SPEED AND DIRECTION
   4) FEINTS
   5) CUTTING
   6) ELUDING A DOGGING GUARD
   7) PIVOT PLAY
   8) FREEZING THE BALL
 9. MOVING IN DIRECTION OF THE PASS
10. WATCHING FOR OPPONENT TO RELAX
11. CONSERVING ENERGY
12. MOVING WITH THE BALL
13. PROPER SPACING AND TIMING
14. INDIVIDUAL LEADERSHIP
15. HELPING OUT YOUR TEAMMATE

III. INDIVIDUAL DEFESIVE PLAY
 1. RECOGNIZE AND RESPECT OPPONENT

 2. FUNDAMENTAL POSITION
 3. BODY BALANCE
 4. DISTRIBUTION OF WEIGHT
 5. WATCHING MAN AND BALL
 6. WEAVING AND POINTING
 7. GOING WITH DRIBBLER
 8. USE OF HANDS AND VOICE
 9. BOXING OUT
10. PLAYING CORNER MAN AND SHOOTER
11. DEFENSE ON FOUL SHOT
12. POSITION FOR HELD BALL
13. ANTICIPATION AGAINST SCREENS
14. SWITCHING
15. DEFENSE AGAINST PIVOT MAN
16. TWO AGAINST ONE
17. THREE AGAINST TWO
18. ANTICIPATION
19. DEFENSE SPACING
20. PLAYING AGAINST UNORTHODOX PLAYER

IV. TEAM OFFENSIVE PLAY
 1. BASIC CORNER PATTERNS
 2. PLAYING CORNERS WITH BLOCK
 3. HORSE SHOE LINES
 4. CIRCULATION-FIGURES-THREE WAYS
 5. INSIDE SCREEN-OUTSIDE SCREEN
 6. BASELINE SCREENING
 7. SCREENING ATTACK
 8. SINGLE PIVOT
 9. DOUBLE PIVOTS
10. FIVE PIVOTS
11. CLEARING THE PIVOT
12. UP PIVOT
13. DOUBLES
14. SET PLAY-A's-C's
15. DELAYED ATTACK
16. HOLDING GAME
17. BREAKING ZONES
18. FAST BREAK STYLES
19. FREEZING

20. ATTACKING A PRESSING DEFENSE
21. HELD BALL PLAYS
22. OUT OF BOUNDS PLAY
23. CHANGING FROM DEFENSE TO OFFENSE
24. COMBATING BALL HAWKING DEFENSE
25. COMBATING SLOUGHING DEFENSE
26. KEEPING TEAM MOVEMENT

V. TEAM DEFENSE PLAY
 1. CHANGING FROM OFFENSE TO DEFENSE
 2. HELPING OUT ON DEFENSE
 3. BALL HAWKING
 4. PLAYING MAN FOR MAN
```

```
TABLE-2 DAILY PRACTICE OF CSUDH   (OCT. 26 1988)

ITEM OF DRILL                              TIME
 1. LOW POST MOVE                          10MIN.   CHECK LIST  I-6, II-3, II-5
 2. ZONE SHOOTING                           5MIN.   I-1
 3. ATTACKING SKILL AFTER CATCH             5MIN.   I-1, II-1, II-2, II-7
 4. 4-CORNER PASSING                        2MIN.   I-1
 5. PASS & CUT (HIGH POST SCREEN)           5MIN.   I-1, II-1, II-2, II-5, IV-5
 6. PRESS DOWN                              2MIN.   I-1
 7. ZIG ZAG (1ON1 DRIBBLE)                  5MIN.   IV-20,
 8. DRIVE LINE CONTAINMENT(WING)            5MIN.   I-4, II-3-7,
 9. PARTNER PASSING (CHEST & OVER HEAD)     5MIN.   I-1, I-2
10. 5ON5 HELP & RECOVER                     5MIN.   V-2, V-4, V-10,
11. 1ON1 POST DENIAL                        2MIN.   I-1, I-2
12. 4BALL POST DENIAL                       5MIN.   I-3, II-3, II-5, V-3
13. 5ON2                                    2MIN.   V-2, V-4, V-10,
14. 5ON5 REBOUND                            5MIN.   II-1, II-3, II-5, V-5
15. 2MEN PARALLEL BREAK                     2MIN.   II-1, V-15, V-4
16. 4ON4 SHELL (OPEN POST)                  5MIN.   I-6, II-2,
17. FREE THROW                              2MIN.   I-3, II-3, II-5, V-3
18. REGULAR OFFENCE 5V5D (HIGH POST ENTRY)  5MIN.   IV-15, V-4
19. 5ON5 WEAVE (OUT SIDE SCREEN)            5MIN.   IV-18, V-28
20. 4ON4 TRIPLE SCREENING & SPACING         5MIN.   IV-5, V-10, V-15,
21. PAIR-UP SHOOTING                        10MIN.  IV-18, IV-5, IV-7, IV-15,
22. 5ON5 (REGULAR OFF.& TRANSITION)         5MIN.   IV-5, V-26, V-1, V-4,
23. SHOT FAKE SHOOTING                      5MIN.   I-3, II-7,
24. 5ON5 (2-3ZONE DEF. & TRANSITION)       10MIN.   IV-12, IV-15, V-26
25. ZONI CONTINUITY                         5MIN.   I-3, II-7, V-26
26. HANDS UP MOVING                         5MIN.   I-6, II-3, II-5, V-9
                              TOTAL      180MIN.
```

※TIME OF DRILL＝練習項目、
TIME＝練習時間、CHECK LIST＝各練習項目
でチェックすべき技術や戦術（大神　1998）

🔎 初めから終わりまでゲームのようなシナリオで構成する練習内容になっている

と感じ、「なぜ、このような練習が必要なのか」と尋ねた。すると、ヘッドコーチは「ゲームでは次に何が起こるか予測できない。ゲームと同じように練習するのは当然のこと」と答えたという。

　このドミングヒル校の練習がアメリカ・バスケットボールのスタンダードな練習であるという前提のもとに、日本との比較を交えながら、この練習の特徴と効果を「アメリカの（バスケットボールの）指導者は、シーズンスタート時から基本練習・応用練習の区別なく、練習内容を精選し、構成しているとうかがえ、一方、日本の大半の指導者は、基本から応用まで段階的に積み上げてチームを育成することが練習内容を構成するベースになっている」とし、「同じような場面設定での練習の繰り返し（単純な反復練習）は、ゲームにおける対応能力の広さを獲得するうえで、必ずしも有効とは言えない」と述べている。

様々な場面が瞬時に現れ、それに対応した状況判断が求められるバスケットボールのようなボールゲームには、多様な状況に適正に対応する能力を向上させる練習が必須となり、そのことを優先させた練習の組み立てが必要となることは十分理解できる。私自身の経験からもこの方式の練習の有効性は明らかであると考える。

4-3
逆算して練習を組み立てる
～M-T-M Method～

◆理想と現実のギャップをトレーニングで埋めていく

　サッカーの元日本代表コーチを務めた小野剛も、実戦（ゲーム）形式の練習の重要性を提唱している。

　小野の提唱する練習構成は、「こんなゲームにしたい」ということから逆算して、現状とのギャップをトレーニングで埋めようというものであり、「Match-Training-Match」の流れを生かそうとする考えから「M-T-M Method」と呼んでいる（図4-2）。

　小野は「日本では武道系に代表されるように、まず型から入り、反復していきながら徐々に実戦的要素を入れ、最後に実戦という流れが普通ですが、まず実戦（ゲーム）をして、うまくいかない部分をトレーニングによって高めて、再び実戦（ゲーム）というのがサッカーでは最も自然なのです」と述べている。

　練習の構成を手法によって大きく分けると、「プラモデル作成的な手法」と「絵画的手法」になると考える。

　前者は、ゲームのある場面や、ゲーム中に表われた課題などを取り出し、部分的に向上させたうえで全体的な動きへと繋げていくやり方である。したがって、その練習構成は部分的な運動要素の抽出に重点がおかれたものとなる。それぞれのパーツを別々に完成させてから組み合わせていく、プラモデルの製作工程になぞらえて名づけたが、この方法は一つひとつのスキルを別々に向上させ、それらを少しずつゲームに近づけてゆく過程を踏んでいくことから、実際のゲームと練習の距離（溝）をどう埋めるかが大きな課題となる。「練習ではできるのに、ゲームではできない」といったことがよく見受けら

図 4-2 ●「M-T-M Method」の練習構成

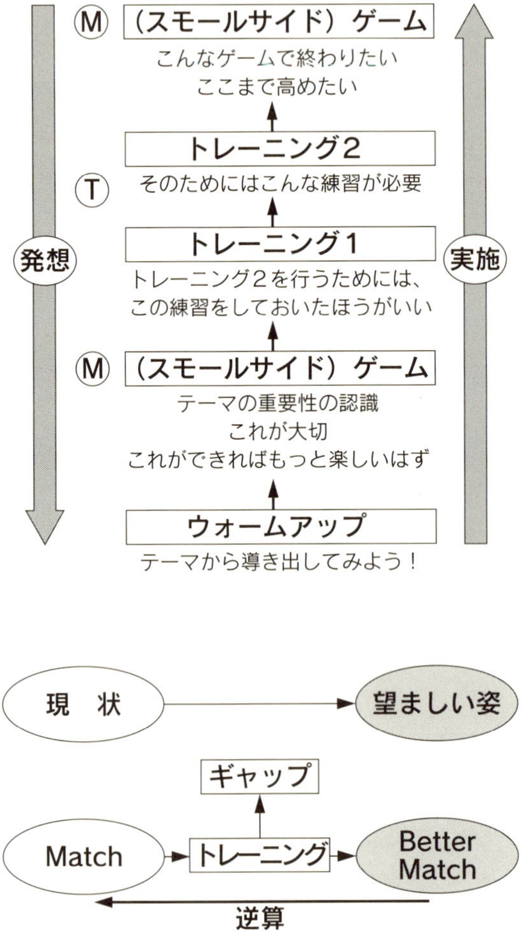

発想 ／ 実施

Ⓜ (スモールサイド) ゲーム
こんなゲームで終わりたい
ここまで高めたい

Ⓣ トレーニング2
そのためにはこんな練習が必要

トレーニング1
トレーニング2を行うためには、
この練習をしておいたほうがいい

Ⓜ (スモールサイド) ゲーム
テーマの重要性の認識
これが大切
これができればもっと楽しいはず

ウォームアップ
テーマから導き出してみよう！

現状 → 望ましい姿

Match → トレーニング → Better Match
　　　　　↑ギャップ
　　　　← 逆算

『クリエイティブ サッカー・コーチング』小野剛. 大修館書店
172. 1999年

🖉 こんなゲームにしたいということから逆算して、現状とのギャップをトレーニングで埋める

4-3 逆算して練習を組み立てる～M-T-M Method～

練習の構成は「プラモデル作成的な手法」と「絵画的手法」に分けられる

れるのはこの溝が埋まっていないためであり、分解された一つひとつの練習において、プレーヤーにゲーム状況をどのくらい高いレベルでイメージさせられるかが鍵となる。

これに対して絵画法は、常に目的とするゲームや技術のイメージをプレーヤーにもたせることを優先させるやり方である。最終的に何がしたいのかがイメージとして明らかになったところから練習を構成するこのやり方は、漫画家が顔を描く場合、輪郭から大まかに描いていき、徐々に目や鼻を精巧に仕上げていく手法と共通するものである。

「すべての練習をゲーム状況と同じように構成して行う」ゲーム・ライク・プラクティスも、こんなゲームにしたいということから逆算して、現状とのギャップをトレーニングで埋めようとするM-T-M Methodも、ともにその手法は絵画法である。

M-T-M Methodは、事前にある程度の練習の流れを決めて行うものであるため、その流れの意味やトレーニングの目的・内容などをあらかじめプレーヤー側に伝えることができる。これにより、プレーヤー側は「次にどんな練

習をするのか」という練習全体のイメージをもって取り組むことができる。あらかじめ練習全体のデザインが提示されているため、練習途中でのティーチング（コーチの説明）やプレーヤー同士の話し合いも落ち着いてできるという利点がある。

　これに対して、ゲーム・ライク・プラクティスはゲームの変化に対応することを練習の中心目的として構成されているため、プレーヤー側は次の練習メニューを予測することはできず、加えて練習途中のティーチングやプレーヤー同士の話し合いも、ゲームと同じように、ゲーム中プレーが一時停止する、いわゆる「アウト・オブ・プレイ・タイム」を想定した時間内に、短時間で行わなければならない。

4-4
攻防形式だけで練習を組み立てる
～ヴィルプルー方式～

◆15対15のゲーム形式で進められる練習方法

　現在、フランス・ラグビー協会のテクニカル・ディレクターを務めるピエール・ヴィルプルー（Pierre Villepreux）は世界的トップコーチである。彼の斬新な練習方法は本国フランスのみならず、世界中から大きな注目を浴びている。

　この練習方法は、1991年、ラグビー界で世界的に著名なコーチ5人を招聘して行われた「国際ラグビー・コーチング・コングレス」（ロンドン郊外で開催）において初めて世界に披露された。彼のこの独自の練習方法がプレーヤーを見る間に向上させていく様子は、そこに居合わせた人々を驚かせた。

　練習の構成はすべてゲーム形式で行われるが、他のゲーム・ライクな練習と異なる点は、少人数制のゲームを用いないということと、コーチの動きそのものが練習の成果を決定づけるという点にある。

　ウォーミングアップも含めて練習の最初から最後まで、すべて正式なゲームの人数（ラグビーの場合は15対15）によって、攻防形式で進められる。

　周囲から見れば、ゆっくりとしたペースで、ゲームとまったく同じように15対15の攻防を繰り返すというものである。しかし、この練習方法は指導者のリアルタイムでの観察・分析・企画・処方能力・洞察力といった、コーチとして必要とされる様々な能力を高いレベルで要求される指導法である。

　具体的には、コーチ自身が動きながら、どちらかのチームにボールを配球することで、向上させたい場面と運動技術が自然と生まれるような状況をつくり出し、その状況下で行うべきプレーをトレーニングしていく方法である。

　行うべきプレーとは、たとえば正確な動作づくり、判断力、チーム全員の状況認知とプレー選択の意思統一、あるいは、次の展開に関する予測の統一、

その予測に対する反応など、練習の中で求められるテーマは多様である。ヴィルプルーの練習は、これらのプレーのどれかひとつをテーマとして選び、その能力向上に的を絞って攻防練習を繰り返すのである。

　コーチが動きながらボールを配球する。プレーを止めて、プレーヤーに質問する。プレーヤーが望ましいプレー、求められるプレーを見つけ出すまで質問が繰り返され、納得のいく答えが得られ、行うべきプレーのイメージが明確になったら、実際にゆっくりと試行させてみる。コーチは先ほど取りあげた課題と同じ課題が生まれるように再び動いて、ボールを配球する。

　また、時にはプレーヤーの答えが間違っているとわかっていても、プレーヤーたちに失敗を経験させる意味から、実際に行わせる。いずれにしても、見た目にはとても単純に映る行為の連続ではあるが、この練習法は確実にプレーヤー個々人、あるいはチーム全体のスキルを向上させていく。

　「何を課題として取りあげるべきなのか」「そのためにどのように動き、どのようにボールを配給し、その状況をつくり出すのか」「どこでプレーを止めるのか」「どのような質問を投げかけ、求める答えを引き出すのか」。この練習の成果は、すべてコーチのスキルに関わっている。

　教育の世界で授業を進める方法のひとつとして「形成的評価」というものがある。これは、授業を進めながら生徒の理解度を観察しつつ、前に戻ったり、先に進んだり、教師のその場の判断で、授業の次の展開を決めながら進めていくやり方である。ヴィルプルー方式は、まさに形成的評価を用いた練習方法とも言えるだろう。

◆目指すプレーやゲームを最大限にイメージさせる

　最高の練習とは、明確な意図をもって集中力のある（正式な）ゲームをすることではないだろうか。しかし、これは「可能であれば」ということであり、毎日行うには安全性の面から考えても現実的ではなく、また、常に高いプレッシャーの下でスキルを向上さようとするのも無理がある。したがって、日々の練習は「この練習は何のためにやっているのか」「どのようなプレーを目指してやっているのか」といった、目的となるイメージをしっかりともたせることが重要となる。

ピエール・ヴィルブルー。選手時代はフランスリーグのトップチーム「トゥールーズRFC（スタット・トゥールージャン）」でフルバックを務め、1971年世界選抜メンバーに選出。コーチ、監督として国内、イタリアリーグで五度の優勝を果たす。1999年ラグビー・ワールドカップではコーチとしてフランスを準優勝に導き、現在、フランスラグビー協会テクニカル・ディレクターを務める
（写真提供／ベースボール・マガジン社）

　ヴィルブルー方式は、ゲームにはつきものの失敗を模擬体験させることも含めて、まさにゲームを最大限にイメージするものであり、ゲームに最も近い形で目指すスキルや戦術をダイレクトに向上させようとするものである。
　しかし、この練習法を技量のないコーチが行った場合、練習の効果は上がらない。なぜならば、コーチの動きや配球のタイミング、言葉がけや答えの誘導（プレーヤーの「気づき」）などといった、コーチそのものの技量が練習の質を決定づけるからである。
　ヴィルブルーはフランス代表のコーチを務める以前に、フランスのトップチーム「トゥールーズRFC（スタット・トゥールージャン）」を指導していた経験をもつ。同チームの関係者は次のように語っていた。
「トゥールーズRFCが強くなったのは、ピエールがこの練習をもち込んだ時からだ」

4-5
スカウティング情報をもとに練習を組み立てる〜情報戦略型練習〜

◆試合期の練習の組み立て

　練習の構成を考える時、対戦する相手チームなどの情報分析をもとに組み立てるやり方もある。このやり方は、特に試合期に行うと効果がある。

　ここでは、相手の情報、すなわち「スカウティング（scouting）情報」をもとにした練習の組み立てについて簡単に紹介したい。

　なお、図4-3は、私がテクニカル・ディレクターとして関わった1997〜2000年ラグビー日本代表チームの試合期における練習の組み立てを

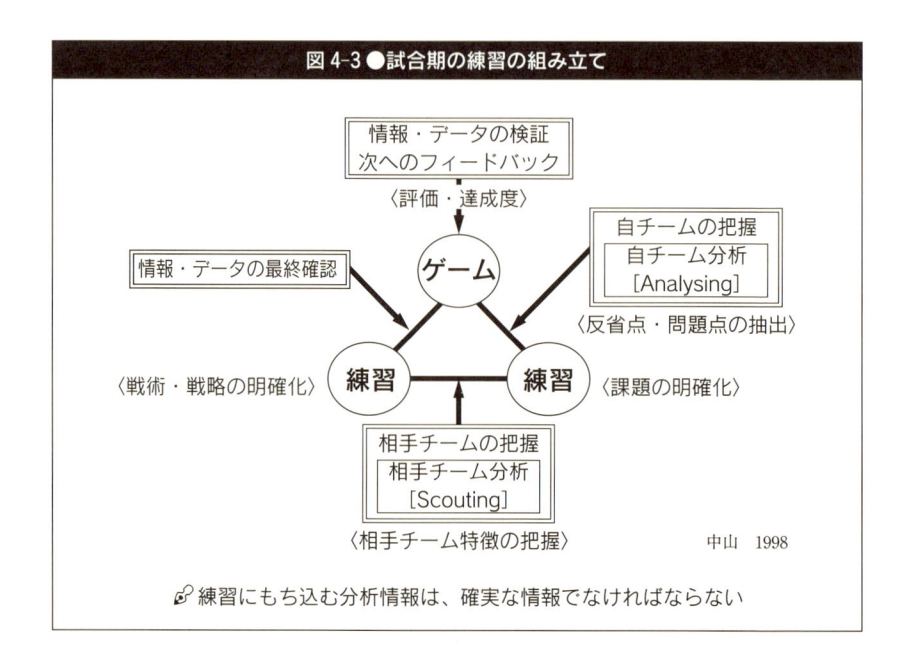

図4-3●試合期の練習の組み立て

情報・データの検証
次へのフィードバック
〈評価・達成度〉

情報・データの最終確認

自チームの把握
自チーム分析
[Analysing]
〈反省点・問題点の抽出〉

〈戦術・戦略の明確化〉

ゲーム

練習　練習　〈課題の明確化〉

相手チームの把握
相手チーム分析
[Scouting]
〈相手チーム特徴の把握〉

中山　1998

練習にもち込む分析情報は、確実な情報でなければならない

モデル化したものである。当時のラグビー日本代表チームの強化活動は、コーチング・スタッフとテクニカル・スタッフと呼ばれる情報戦略の専門集団が密接に関わり合いながら進められていた。自チーム分析を中心にした練習とスカウティング情報をもとにした練習とを組み合わせて、次のゲームに臨んでいた。

　試合期の練習を組み立てるうえで、参考にしていただければ幸いである。

▶練習に生かす情報の「収集と精選」

1．必要な情報とは

　一般的にスカウティング情報とは相手チームに関する情報であり、その情報を得る活動をスカウティング活動という。しかし、相手に勝つためには相手チームの情報だけではなく、次のような情報が必要となる。
①相手チームの情報
・相手チームの特徴（強みや弱み）　・攻守の特徴　・ポイントとなるプレー　・その他
・リスタートのバリエーション　・選手の特徴　・選手交代などベンチワークの特徴　・その他
②レフェリーやルールに関する情報
・当該レフェリーの特徴　・ジャッジの傾向　・ルール変更や解釈の申し合わせ　・その他
③環境調査情報
・試合時間帯の会場環境情報（気温、湿度、日差し、風向き、グラウンド状態など）・試合当日の気象状況　・ロッカールームなどの施設情報　・ウォーミングアップ会場の情報　・会場までの所要時間　・その他

2．情報の収集

　情報の収集は極めて重要な活動であるが、不必要な情報を大量に収集することは混乱を招くだけである。「今、生きる情報」と「後に生きる情報」の

選別も重要となる。

①主観的情報と客観的情報

[主観的情報]

　必ずしも数字では表せないが、極めて重要と思われる質的情報。たとえば「判断力がいい、後半に強い」といった情報など。自由にかつリアルタイムで収集することが可能。

[主観的分析]

　ゲーム中発現されたプレーの要因などを情報として収集するのに適しているため、球技系競技では重要な情報として位置づけられている。しかし、客観性がなく、必ずしも正確な情報とは限らない。観察者・分析者の力量が情報の質を決定する。

[客観的情報]

　数字で表せる情報。固定化された情報を正確に収集できる。たとえば「パス回数、タックル回数」といった情報で、特定の人間以外の収集も可能である。情報をフィードバックする時に、説得力が高い。

[客観的分析]

　ゲーム中発現されたプレー（結果）をデータとして収集するのに適しているが、プレーが生まれた原因などの情報を得るには限界がある。

②5W1H

・情報の収集にあたっては、誰が（Who）、いつ（When）、どこで（Where）、何を（What）、なぜ（Why）、どのように（How）収集するのかが問題となり、また、そのシステムを構築しておく必要がある。

・情報の取り扱いについては、5W1Hの中で特に「誰が」が鍵となる。誰が収集した情報なのか、誰が加工した情報なのか、そして誰がその情報を提示するのか、情報の価値は扱う人間によって決まる。

③情報のありかを知る

・価値のある情報は隠されていたり、また、目の前を素早く通り過ぎていくことが多い。特に、瞬時に多様な局面が現れるボールゲームでは、様々な情報が瞬時にして生まれ、瞬時に消え去る。

・どこに情報が隠されているのか、誰が必要な情報をもっているのか、その

対戦相手やチームに合わせて必要な情報を選別する能力も
重要である　　　　　　　　（写真提供／フォート・キシモト）

ありかを知るためには、日ごろから情報収集のためのアンテナをはり、観察力を磨く努力が必要となる。

④足で稼ぐ、目で確認する
・スカウティング情報を取り入れた練習を組み立てる最大の鍵は、その情報が間違っていないか、ということだ。間違った情報をもとにして組み立てられた練習は、間違った練習となる。練習に取り入れる情報は、極めて信頼性の高いものでなければならない。
・練習の構成に関わるスタッフが、足を運んで、実際の目で見て集めた情報を頼りにすべきである。もちろん、スパイ活動は厳禁である。正当な手続きで相手チームの情報を得るには、長期的な努力と工夫が必要となる。

3．情報の精選

　情報は集めるより選別するほうが難しい。なぜならば、情報の価値は表面化していないことが多いからだ。必要な情報を選び出す能力を身につけるためには、「どういう戦い方がしたいのか」「どうすれば勝てるのか」「そのた

めにどんな練習が必要となるのか」というような、ゲームや練習をあらかじめ具体的にイメージし、デザインしておくことが必要となる。そのイメージやデザインのレベルが高く明確になればなるほど、必要な情報が見えてくる。優秀なコーチほど、スピードも含めた情報選別能力が高い。

①量は少なく、質は高く

・不確実な情報に振り回されることほど愚かなことはない。また、情報の量に対応しきれず、不安を抱えたまま試合に臨むことも避けなければならない。練習を組み立てるうえで必要となる情報は、ゲームを有利に進めるために生かせるものでなければならない。不確実な情報は可能なかぎり減らし、精度の高い情報のみを練習に生かすことである。

②情報の精選にあたって

・信頼性の高い情報のみを扱う。
・十分な対策が明確に立てられる情報のみを扱う。
・ゲームを有利に進めるために採用するプレー（戦術も含む）の根拠となる情報を扱う。

▶情報を有効に活用するために

1．情報の提示

　練習の組み立てに活用する情報は、事前にプレーヤーに対して明確に提示しておくことが重要になる。相手の特徴を知り、そのための対策を知り、その対策をゲームで発揮するための練習方法を知り、そして練習に臨む。この一連のプロセスのすべての場面において、プレーヤーが理解し納得する情報の提示が必要となる（図4-4）。

①情報提示の方法

・文章、口頭、数字、図表、映像、模範などがあげられる。この中でも映像を用いた情報提供は、イメージの共有と明確化という観点から極めて有効である。

②情報は生ものである（図4-5）

図 4-4 ● データの活用目的

- 評価のために用いる
- 予測や仮説の検証・確認のために用いる
- 新たな予測や仮説を立てる
- 基準づくりのために用いる
- 納得させるために用いる
- 暗示のために活用する
- 課題を浮き彫りにする
- 問題の発見
- 経過の推移を確認する
- 記録の蓄積
- その他

図 4-5 ● 情報を生かすための鍵

- データはそれだけではただの数字にすぎない
- 映像は見るだけではただの娯楽にすぎない
- 研究成果もそれだけではただのペーパーにすぎない
- 情報は生ものである
- 分析は5W1H。最も大切なことは誰が（Who）である
- 情報提供の場が、最後に「情報」に命を吹き込む

情報に命を与える→情報戦略スタッフ
情報に価値を与える→プレーヤー・コーチ

情報は生ものであり、賞味期限がある。タイミングを誤ると腐る情報もあれば、熟成する情報もある

- 情報提示のタイミングを間違わないこと。「場」の設定（85ページ参照）も含めて、情報が最も生きる効果的な提示の仕方を常に考えること。このこだわりがなければ情報は死んでしまう。
- 情報には賞味期限がある。提示するタイミングを間違うと腐る情報もあれば、寝かせておいて熟成する情報もある。

③知ることの強みと知らないことの強み

- 情報はすべてのプレーヤーに等しく与える必要はない。必要な人材に必要な情報を与えることが大切である。

2．情報戦略スタッフの活用

　確かな情報を収集し、加工し、提示するという一連のプロセスを充実させるためには、情報戦略の専門スタッフ（テクニカル・スタッフ）が必要となる。単に記録をとり、データをそろえるアナリスト（分析者）ではなく、コーチング・スタッフと一体になって強化活動を進めるシンクタンク的な人材の組織化が必要である。

①情報戦略スタッフそれぞれの専門分野から、様々な情報やアイデアを創出し、練習やミーティングの組み立てに参加する。
②ミーティングに必要な資料（データや映像）を作成し、場合によっては直接プレゼンテーションも行う。
③必要に応じてVTRを活用したトレーニング・コーチも務める。
④練習中コーチング・スタッフの目の届かないところや、手の及ばないところへのサポートを行う。

　スカウティング情報を中心に練習を組み立てる場合、仮想の相手をつけた攻防形式の練習（シミュレーション練習）が重要となる。その場合、仮想の相手に正確な情報を与え、対戦相手と同じような動きの指導をする。

▶練習の効果をアップさせる情報の利用の仕方

　スカウティング情報を中心に練習を組み立てる場合は、次の観点に留意するとよい。

4-5 スカウティング情報をもとに練習を組み立てる〜情報戦略型練習〜 115

相手チームや相手選手の特徴、攻守の特徴など、勝利を勝ち取るために必要な情報はたくさんある　　　　　　（写真提供／フォート・キシモト）

①情報は対策とセットで提示する

「相手の弱点はここだ」といった情報が提示されても、どうやってその弱点を突くのかという対策がなければ練習は組み立てられない。具体的で確実な対応策が講じられない場合は、その情報がプレーヤーに不安を与える可能性もあるので、情報の開示と活用については慎重を期すべきである。

②シミュレーション練習を徹底する

相手の特徴が明らかになったら、仮想の相手をつくり、攻防形式の練習を行うと良い。この際、「鍵となるプレーは何か」を明確にして取り組むことである。仮想の相手と攻防形式の練習をただ行うだけでは、効果は少ない。この練習で何を向上させるのか、明確な意図をもって行うことが重要である。

ちなみに、鍵となるプレーは、時に、そのプレーが発揮される起点となるプレーについて考える必要もある。

たとえば、相手の得意とするフォーメーションを防ごうとする場合、フォーメーションそのものに対する対応策を考えることも必要であるが、そのフォーメーションの基点となるプレーに対してどのように対応するかを先に考える

ことが必要となる場合がある。つまり、相手の得意なプレーに対応する場合、「もととなるプレーを断つ」という考え方である。

③副次的戦略を用意する

　練習した対策がゲームでうまくいくとは限らない。うまくいかなかったり、いかなくなった場合のことも準備しておく必要がある。時間的な余裕があれば、そのシミュレーション練習も徹底しておくと良い。

④情報に頼り過ぎない心構えを植えつける

　事前情報に基づいた練習は、仮説に基づいた練習であることを忘れてはならない。相手は絶対こう攻めてくると確信しても、「絶対」はあり得ないということだ。特に相手のフォーメーションに関わる情報については、絶対視しないほうが現実的である。オプションのひとつとして練習に組み入れるくらいの余裕も必要である。

参考資料

1999年ラグビー日本代表チームの練習の組み立て方（試合期）

　ここで紹介する練習の組み立てに関する考え方は、ラグビー日本代表チーム（1999年当時）の試合期における、ゲームからゲームまでの4～5日間の活動をモデル化したものである（表4-1、2）。この時点のチームの最大の目的は次のゲームに勝つことであり、そのために相手の特徴を知り、それに対応した戦い方を身につけて試合に臨むことは極めて重要なことであった。

　練習の構成や内容、および練習時の役割は、監督、コーチ、情報戦略スタッフ（テクニカル）、そしてフィットネス＆コンディショニング・コーチ、トレーナー、ドクターなど、すべてのチーム・スタッフが様々な情報を出し合って決定した。

　①用具の運搬、②練習道具の配置、③ウォーターブレイク（水分補給）のタイミングと方法、④控え選手やけがをしているプレーヤーへの指導、⑤録画用のカメラポイントや録画内容の決定、⑥プレーヤー個々人の動きや練習そのもののチェックポイントと記録、⑦バスで移動する場合などの車中での過ごし方（どんな内容のVTRを見せるか、どんな資料を配布するのか、簡単なミーティングを行うのかなど）、⑧ロッカールームのマネージメントというような、練習の効果を高めるために必要と思われるあらゆる要素を抽出して、具体的に計画化し、練習は準備された。

　練習の内容についての最終的な決定はもちろん監督が行っていたが、監督が決めたことをスタッフに画一的におろす、という手順は一度もなかった。

表 4-1 ● 自チーム分析から練習を組み立てる

Step1 対象課題の抽出	前のゲームからチームのあらゆる課題を抽出する。その課題の中から、次のゲームまでに解決しなければならない課題を絞り込む。抽出する課題は次のゲームまでの練習回数などをもとに決定する。練習回数の決定は、チーム・ドクターやトレーナーの意見も参考にする。
Step2 課題の提示方法の決定	抽出された課題をプレーヤーへ提示する場合、方法については効果を十分に検討し決定する。「データかVTRか」「個別に提示するのか、全体の場か」「誰が提示するのか」「いつのタイミングで、どこで提示するのか」。プレーヤーが最も理解し、納得する効果的な提示方法をあらゆる角度から検討し、その決定に沿って資料・素材を作成する。
Step3 課題解決方法の決定	課題解決の方法を決定する。一つひとつのドリルについては、そのドリルのやり方やその練習で目標とする動きの理想的イメージもあわせて提示する。そのためにイメージVTRや図などを作成する。
Step4 課題と練習内容の プレーヤーへの提示	個人やチームの課題を、資料や素材とともに提示し、練習の意図や目標とする動きなどをイメージさせる。納得して練習に臨むための知的トレーニングととらえる。
Step5 自チームの課題解決 練習の実施	自チームの課題解決に向けて練習を行う。練習中はすべてVTRに撮影し、記録化する。特に課題としたプレーについては、設定した練習の効果や改善状況などを明確に把握するため、VTR撮影の他、筆記による記録などを行い焦点化しておく。この記録はミーティングや次の練習を組み立てるうえでの情報となる。なお、この時点では、次のゲームの先発メンバーなどは発表せず、メンバー全員に出場チャンスをもたせた状態で練習を行うことが多かった。

表 4-2 ●相手チーム分析から練習を組み立てる

Step6 相手チーム情報の整理と精選		情報戦略部門(テクニカル部門)のスカウティング担当から、長期にわたって分析した相手チームの情報(傾向・特徴)が提示される。あわせてルール&レフェリング担当スタッフから、ゲームのレフェリーなどの情報(傾向・特徴)も提示される。これらの情報を直前情報とすり合わせて、コーチング・スタッフとともにより精度のあるものへと変えていく。不確実な情報や不必要な情報は排除され、情報の量が減り、質が高められていく。
Step7 相手チーム情報の加工と提示方法の決定		スカウティング情報を整理して、練習に生かす情報と提示すべき情報を決め、あわせてその提示方法も決定し、提示素材として加工(資料作成)する。提示に際して留意すべきことは、Step2と同様であるが、特に誰にどんな情報を与えるかが重要となる。
Step8 相手チーム情報を 取り入れた練習内容の決定		練習の方法を決定する。たとえば、相手のあるオプションプレーを封じ込めることがゲームを有利に進めるために必要と判断された場合、①対応策を決定、②その対応策に必要な動きとその動きを高める練習を考える、③控え選手に相手の動きを覚えさせ、攻防形式のシミュレーション練習が行えるように準備する。
Step9 必要情報と練習内容の プレーヤーへの提示		相手チームの情報を提示する。個人的に提示する情報と全体的に提示するものとがあり、それぞれ異なった場面で情報提示を行う。提示に際しては、なぜその情報を知っておくことが必要なのかという提示の理由と、そのための対策、そして練習の意図や練習のやり方もあわせて具体的に示す。プレーヤーがやるべきことを理解し、納得して練習に臨むことが重要となる。
Step10 相手チーム情報を 取り入れた練習の実施		スカウティング情報を取り入れた練習を行う。練習はすべてVTRで撮影し、練習後、練習の効果などをチェックする。なお、この時点の練習は、先発メンバー中心になることが多い。したがって、他の選手は、ランニング・アップ・メンバー(running up)と呼び、次の試合出場に向けた課題に取り組ませる。この取り組みのサポートは、フィットネス・コーチやテクニカル・スタッフが行う。

■参考・引用文献
- 大神訓章「CSUDH のバスケットボールコーチングについて」平成元年度日本体育学会山形支部研究発表会
- 小野剛『クリエイティブサッカー・コーチング』大修館書店　1999 年
- 勝田隆「ヒンツ・フォー・ラグビー」『ラグビー・マガジン』第 24 巻第 9 号　ベースボール・マガジン社　1995 年
- 勝田隆「ラグビー・フットボールの広め方」『ラグビー・マガジン』第 26 巻第 8 号　ベースボール・マガジン社　1997 年
- 和田一郎、小野剛、田嶋幸三他『情報管理の体系化』2000 年

第5章

コーチングの科学と情報を考える鍵

5-1 向上のための科学的アプローチ
5-2 医・科学現場の知見を反映させるための方策
　1. 科学的アプローチはなぜ必要なのか
　2. 研究成果はなぜ適切に反映されないのか
　3. 研究成果を効果的に反映させるためには
　4. トータル・サポート・システムをより機能的にするために
5-3 私的テクニカル論
　1. コーチング活動の新しい視点「テクニカル活動」
　2. ラグビーのテクニカル部門
　3. サッカーのブレイン集団
　4. テクニカル・スタッフの仕事と役割
　5. 強化の蓄積
5-4 実践に見るテクニカルの役割
　1. オフィシャル・スタッフの数
　2. 9名のアナリストが生み出したもの
　3. テクニカル・スタッフ創出の図式
　4. 「フィールド外の戦い」におけるテクニカルの役割

SCIENCE & INFORMATION

5-1
向上のための科学的アプローチ

◆科学的アプローチを進めていくのは、プレーヤー自身である

　スポーツにおける科学とは、効率的かつ生産的な作業を追求する営みであると定義づけられる。つまり、手探り的な取り組みや意図のない模倣と対極をなす、論理的なアプローチを「科学的」ととらえるということだ。

　ちなみに、スポーツ心理学、スポーツ生理学、スポーツ医学などといった学問領域は、この論理的営みをより高度に、かつ効果的に展開するために必要な基礎科学であると考える。

　ここでは、チームやプレーヤーの成長をサポートするために、普段用いている論理的なアプローチをモデル化して紹介したい（表5-1、2）。

　このアプローチに沿って具体的な行動を考え、実践してみることで、取り組むべき道筋や、具体的に何を行うべきかが明確になるはずである。

　特に、チームの向上を図りたい場合は、チーム全体の話し合いに基づいて行うことを薦めたい。全員の参加意識や情報の共有化が促進されると考えるからである。

　もちろん、このアプローチを主体的に進めていくのはプレーヤー自身でなければならず、コーチの放任があってはならない。コーチの情報提供も含めた適切な介入が、このアプローチの成果を高めることは言うまでもない。

表 5-1 ● モデル A「課題解決的アプローチ」

STEP1 目標の設定	・個人またはチームの目標を具体的に設定する ・具体的数値目標などを設定する ・目標達成までの期間を具体的に設定する
STEP2 現状分析	・個人またはチームの現状を具体的に把握する（分類化） ・強み、弱みを具体的に明らかにする（分類化）
STEP3 課題の抽出と明確化	・目標達成のために障害となっているあらゆる課題を抽出し整理する（分類化） ・問題（障害）の解決について優先順位を決める ・課題は数値化またはビジュアル化し、客観的でわかりやすいものに加工する
STEP4 課題解決のための具体的方策の明確化と計画化	・課題解決のための方法を具体化し、計画化する ・具体的な計画書（強化方針・練習計画書）の作成
STEP5 総括・評価	・これまで行ってきた取り組みを総括（評価）する ・新たな取り組みに生かすために「うまくいったこと」や「課題となったこと」などを徹底的にあげて整理する ・これまでの取り組みに関する資料や記録などのすべての情報を、後で活用しやすいように整理しておく

表 5-2 ● モデル B「比較分析的アプローチ」

STEP1 自己（自チーム）分析	・強みや弱みなどを主観的および客観的に分析（分類化）し、課題などを具体的に明らかにする
STEP2 他者（相手チーム）分析	・VTR などを用いて、相手の強みや弱みなどを主観的および客観的に分析（分類化）し、相手の状態をより具体的にする
STEP3 比較分析	・自己（自チーム）と相手チームの特徴を様々な観点から比較する。相手のどこを攻めるか、チームのどこを強化すべきかというような、強化に関する方策や戦い方のピクチャーを具体的に描く
STEP4 具体的戦術や練習方法の作成	・ステップ 3 に基づいて具体的な戦略や戦術を構築する ・戦略や戦術を身につけるための練習計画を具体的に作成する ・強みを高め、弱みを減らすための練習計画を具体的に作成する
STEP5 総括・評価	・これまで行ってきた取り組みを総括（評価）する ・新たな取り組みに生かすために「うまくいったこと」や「課題となったこと」などを徹底的にあげて整理する ・これまでの取り組みに関する資料や記録などすべての情報を、後で活用しやすいように整理しておく

5-2 医・科学現場の知見を反映させるための方策

◆スポーツの現場にこそ必要な科学的アプローチ

「(現在の) 日本は医・科学の水準が高いわりには、スポーツ現場に成果が十分に生かされていない状態にある」

1984年に日本体育協会から発刊された長期強化総合プラン「提言・スポーツ21への飛躍」の中の一節である。このレポートは、21世紀に向けたわが国のスポーツのあり方を総合的かつ具体的に明示したものであるが、21世紀を実際に迎えた今、果たしてこの問題は完全に解決しているだろうか。

2001年3月に行われた、わが国のスポーツ界における指導者および研究者たちが一堂に会する「スポーツ・コーチサミット」のテーマ「強化活動とスポーツ医・科学研究の連携を考える」は、この課題がいまだに積み残されたままであることを示唆している。

国際競技力の向上を図るうえで、スポーツ医・科学の研究成果がコーチング、およびトレーニングの現場に適切に反映される必要性は、多くの関係者が早くから認め、そのシステム構築に向けて努力してきたはずである。しかし、まだ多くの課題を抱えているという認識が、公のものとして論じられている。

ここでは、コーチング、およびトレーニングの現場と、医・科学研究現場の双方の根底に横たわる抜本的な問題の所在を明らかにし、そのための具体的な解決策について提案したい。

1. 科学的アプローチはなぜ必要なのか

「強化現場における科学的な取り組みの必要性（図5-1）」については、今

図5-1 ●科学的アプローチの必要性

・強化の効率と生産性向上のために：
　　経験主義オンリー＆手探り的強化からの脱却

・提案・誘導・納得型のコーチングのために：
　　命令・強化型からの脱却

・フィールド外の戦いに勝つために：
　　強化フィールドの多機能化と情報戦略システムの構築

・一貫指導システムの構築のために：
　　個人経営型から組織総合経営型へ

　　　　　↓
　　スポーツの"知的文化"化

さら論じるまでもないことであろうが、コーチングおよびトレーニングの現場では、次のような古くからの問題も見受けられる。
①意図のない強豪の模倣
②過度の経験主義
③伝統に縛られた踏襲型の取り組み
④手探り型の強化
⑤命令・強制型のコーチング
⑥監督を頂点としたヒエラルキー（強化組織）
⑦監督と選手だけの閉鎖的社会
⑧短期間で結果を求める風潮

　これらの問題は医・科学研究分野との融合を妨げてきた大きな要因であるばかりでなく、わが国におけるスポーツの「知的文化」化を遅らせてきた原因のひとつとも思われる。

　競技スポーツにおける科学的強化とは効率的で生産的な取り組みであると考えられるが、コーチング現場の立場から、科学的な取り組みの重要性について私的見解を述べたい。

2．研究成果はなぜ適切に反映されないのか

　競技スポーツの世界においては、トップレベルの戦いの場から得られたものが、将来に生かすべき何よりも重要な素材である。なぜならば、強化の最終目標は頂点に位置するナショナルチームの成果をあげるためだからである。世界の競技スポーツ界をリードするアメリカの強化は、「それぞれの競技において世界一の選手とはどんな選手なのかを具体的にすることから始め、その架空の選手のあらゆる要素を、発掘・育成・強化といった一貫システムに具体的に落とし込んでいく」という流れで行われているという。これに関わるスポーツ医・科学研究者は、そのシステムに貢献することが最大の使命となる。

　アメリカ競技スポーツの中心的拠点とも言える USOC（全米オリンピック委員会）オリンピック・トレーニング・センターでは、過去に論文を書くことを重視する、いわゆるペーパー主義と呼ばれる研究者たちを解雇した経緯があると聞いた。

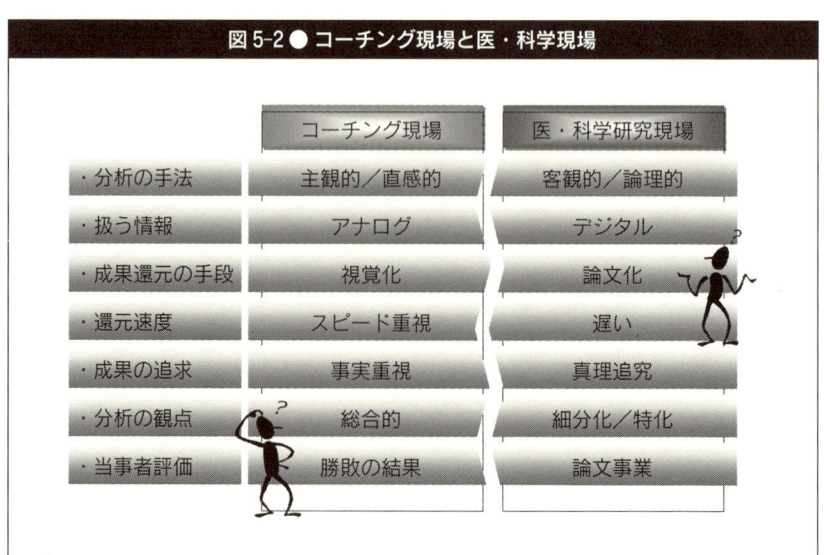

図 5-2 ● コーチング現場と医・科学現場

	コーチング現場	医・科学研究現場
・分析の手法	主観的／直感的	客観的／論理的
・扱う情報	アナログ	デジタル
・成果還元の手段	視覚化	論文化
・還元速度	スピード重視	遅い
・成果の追求	事実重視	真理追究
・分析の観点	総合的	細分化／特化
・当事者評価	勝敗の結果	論文事業

医・科学研究の成果をコーチング現場に反映させるためには、両者の歩み寄りが必要となる

翻って日本の医・科学現場の現状はどうだろうか？

ここでは、コーチング・トレーニング現場のニーズを検証しながら、医・科学研究現場がそのニーズに応えられるような状況にあるのか、その現状について考えてみたい（図5-2）。

3．研究成果を効果的に反映させるためには

医・科学研究の成果をより効果的に反映させるための具体的方策について、いくつかの提案をしたい（図5-3）。

①戦略・情報担当部門「テクニカル」の設置

客観的なデジタル情報（医・科学研究の成果）を、イメージ化されたアナログ情報（コーチング、トレーニング現場）に変換し、タイミングよくコーチングおよびトレーニング現場に伝える専門スタッフ（部門）の存在が必要となる。多くに球技系スポーツでは、このようなスタッフを世界的に「テクニカル・スタッフ」と呼んでいる。

図5-3 ● 研究成果を反映させるための鍵

- 戦略・情報部門の設置［テクニカル］
- トータル・サポートの充実［コーチ、テクニカル、医・科学］
- 総合コンダクターの配置［統括ディレクター］
- 事例研究の構築［ケース・スタディー］

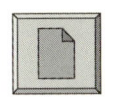

医・科学研究の成果をコーチング現場に適切に反映させるためには、それぞれの現場をつなぐ機能と人材が必要である

ラグビー日本代表を支えたテクニカル・スタッフ（1998年当時）　（写真提供／岡村啓嗣）

②トータル・サポートの充実

　コーチング現場を頂点とし、その他の強化機能組織をサポートという名のもとに下に位置づけたピラミッド型の組織では、情報そのものがコーチング現場主体に扱われすぎる恐れがあり、時にコーチが「裸の王様」となってしまうことも懸念される。コーチングやトレーニングを客観的に評価することも含めて、情報の流れをダイナミックなものとするためには横並びの組織が望ましいと考える。

③総合コンダクターの配置

　コーチ、テクニカル・スタッフ、医・科学研究者が一体となって、有機的に関わり合いながら、それぞれが生産的な活動を展開するためには、それぞれの機能の特徴を生かすことのできる統括ディレクター的な人物の存在が必要である。この任に当たる者は、強化の目的とビジョンをしっかりともち、情報を生かすためのプライオリティをつけられる、戦略性に秀でた人物でなければならない。

④事例的研究（ケース・スタディー）の構築

コーチング・トレーニング現場の失敗例や成功例は、たとえそれが客観性に欠けると思われるものでも非常に意味がある。それらを事例的に明らかにすることは「強化の蓄積」を可能にし、中・長期ビジョン構築のための重要な情報となる。

4. トータル・サポート・システムをより機能的にするために

ここでは、コーチング、テクニカル、医・科学研究それぞれの現場が一体となって競技力向上を推進していくためのシステムを、より機能的にするために必要と思われる要因について考えたい（図5-4）。

①本質と信頼

「誰が、いつ、どこで、その情報をプレーヤーにフィードバックするのか」という作業は、分析および研究成果を生かす点において、最も配慮されるべき重要な視点である。「誰の研究成果なのか」ということよりも、「その研究成果を生かすためにはどうしたらよいのか」といったことのほうが重要であり優先される。これは極めて本質的なことであり、強化に関わるすべてのス

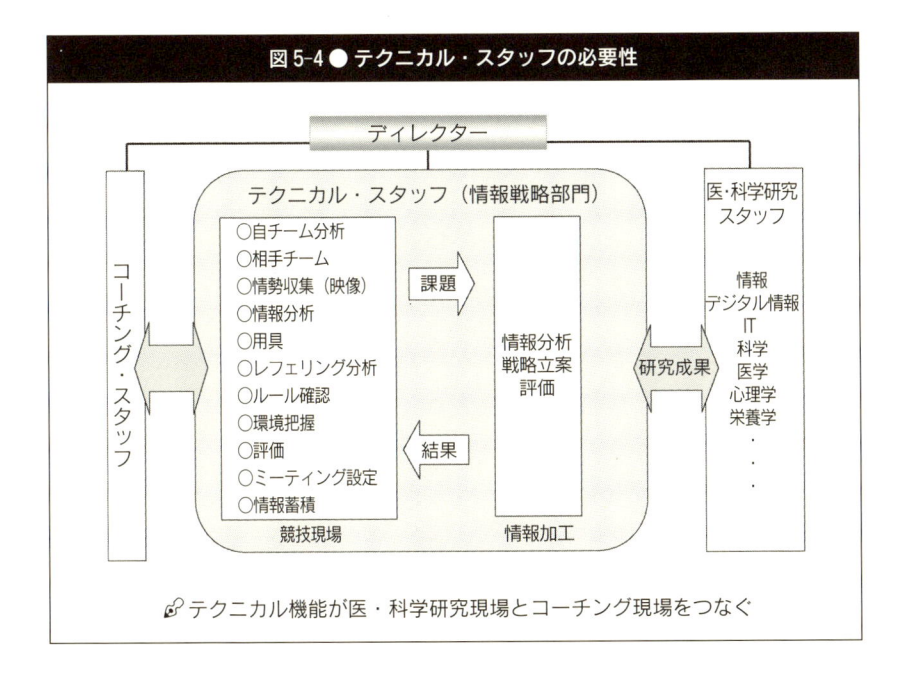

図5-4 ● テクニカル・スタッフの必要性

```
                        ディレクター
┌─────┬──────────────────────┬─────────┐
│コ   │ テクニカル・スタッフ（情報戦略部門）│医・科学研究│
│ー   │  ○自チーム分析                  │スタッフ   │
│チ   │  ○相手チーム      ⇨課題⇨         │          │
│ン   │  ○情勢収集（映像）   ┌─────┐     │情報       │
│グ   │  ○情報分析          │情報分析│     │デジタル情報│
│・   │  ○用具              │戦略立案│⇦研究成果│IT        │
│ス   │  ○レフェリング分析   │評価    │     │科学       │
│タ   │  ○ルール確認         └─────┘     │医学       │
│ッ   │  ○環境把握       ⇦結果⇦          │心理学     │
│フ   │  ○評価                            │栄養学     │
│     │  ○ミーティング設定                │  :        │
│     │  ○情報蓄積                        │  :        │
│     │   競技現場          情報加工       │          │
└─────┴──────────────────────┴─────────┘
  テクニカル機能が医・科学研究現場とコーチング現場をつなぐ
```

タッフが常に認識し、理解していなければならない。ただし、このプロセスはスタッフ間の信頼関係なくして成り立たない。

②サポート・スタッフの環境整備

社会的評価の現実は「選手>監督>コーチ>サポート・スタッフの順」である。この図式は、所属する機関においても同様であるため、テクニカルなどのサポート・スタッフの労力が正当に評価されていない場合がある。研究者も含めたサポート・スタッフがしっかりと裏方に徹することができるような、抜本的な環境整備が必要である。

③評価システムの構築

サポート・スタッフが力を十分に発揮するためには、パフォーマンスへの貢献度をベースとして、彼らの活動の評価が報酬や社会的ステータスといった具体的なものに結びつくような評価システムを構築する必要がある。スポーツ界全体がこの重要性を認識し、そのシステム構築に向けて努力すべきであろう。

④テクニカル・スタッフの養成

ゲーム、プレー、分析・研究、そしてIT機器など、テクニカル・スタッフが関わる領域の高度化は日進月歩である。このようなことからも、客観的なデジタル情報（医・科学研究の成果）とイメージ化されたアナログ情報（コーチング・トレーニング現場）との間を仲介するコーチ現場を共有できるITスペシャリスト（テクニカル）の養成は急務である。

5-3
私的テクニカル論

1. コーチング活動の新しい視点「テクニカル活動」

　スポーツ界を問わず、ビジネスの世界でも、政治の世界でも、今、様々な分野で「戦略」という言葉が頻繁に使われている。ラグビー日本代表前監督の平尾誠二は「戦略が必要となるのは、自然体では戦えないからだ」と言う。

　戦略とは、目標達成のためのシナリオであると考え、そして、そのシナリオ構築のために最も必要なものが情報だと思われる。特に、高度化かつ複雑化したトップレベルの争いで勝利を手にするためには、手探り的、あるいは対処療法的とも形容されるようなやり方では偶然を期待するに等しく、今や、高度な情報戦略活動は不可欠なものという認識が定着化しつつある。

　日本オリンピック委員会は、2001年4月に今後10年間でのオリンピックのメダル倍増を目指して、国際競技力向上戦略「JOC GOLD PLAN」を発表したが、この中で「情報戦略」の重要性について、次のように述べている。「今や世界でトップレベルの成績を残すには、高度な情報収集や分析を中核とする情報・戦略活動（テクニカル活動）が必要不可欠となっている。それにより、競技現場では安定した力が発揮でき、競技力の向上や勝利につながる。さらに最近では、単に相手の状況や試合環境に関する情報を入手するだけではなく、そうした情報をより多角的、総合的に分析し、相手の戦略や環境の変化を予測し試合に挑むことが求められる。（中略）高度なテクニカル活動によって得られたデータを活用することで、より的確なコーチングが行える、高度なテクニカル活動とコーチングにより、さらなる競技力向上が図られると考える」(図 5-5)。

　ここでは、近年、その存在と機能の重要性が叫ばれている「勝つためのシ

図 5-5 ● 世界の戦い方の現状

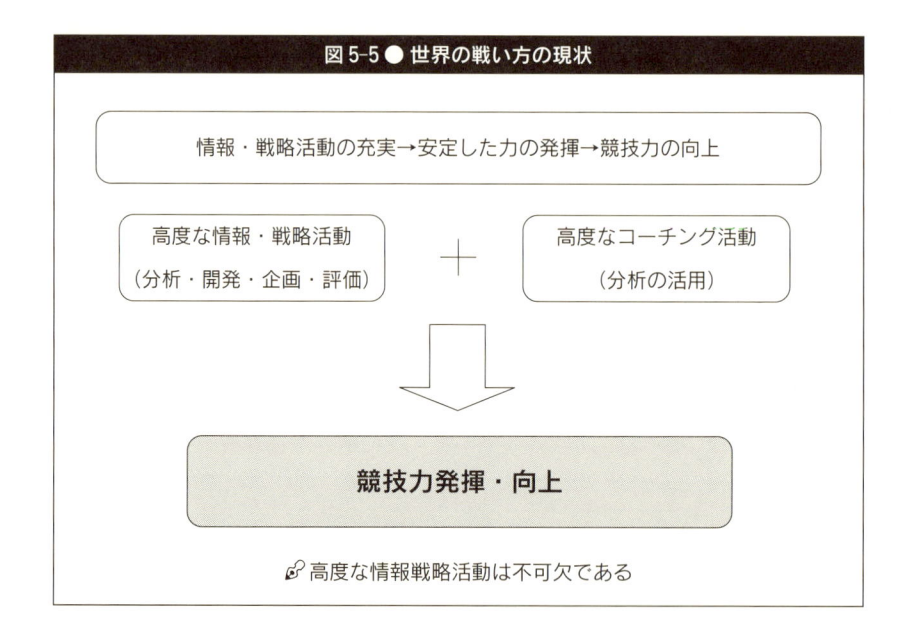

情報・戦略活動の充実→安定した力の発揮→競技力の向上

高度な情報・戦略活動
（分析・開発・企画・評価）

＋

高度なコーチング活動
（分析の活用）

⬇

競技力発揮・向上

高度な情報戦略活動は不可欠である

ンクタンク」とも言うべき、「競技スポーツにおける情報・戦略活動（テクニカル活動）」について述べる。

競技スポーツにおける情報戦略活動を理解し、そして、そこに関わる専門スタッフ（テクニカル・スタッフ）とどのような関係を構築し、強化現場を充実させるべきか、コーチング活動の新しい視点ととらえて参考にしていただきたい。

2．ラグビーのテクニカル部門

ひと言でテクニカル部門と言っても、その仕事の内容は国や競技によって様々である。

2002年7月日本代表監督に就任したジーコは、鹿島アントラーズでテクニカル・ディレクターという肩書きをもち、総監督とも呼ばれていた。

同じサッカー界でも1998年のワールドカップにおいて、地元フランスを優勝に導いたエメ・ジャケ元監督は、現在、フランスサッカー協会のテクニカル・ディレクターに就任しているが、彼が統括するセクションの主な役割

は、次代を担うユース育成であると聞いた。

ラグビー界においても、1999年のワールドカップでフランス準優勝の実質的な功労者と言われているピエール・ヴィルプルー前フランス代表コーチも、ワールドカップ終了後、フランス協会のテクニカル・ディレクターに就任し、サッカーのジャケと同じように次代のエリート選手を育成することに重点をおいた活動をしている。

そもそも、私が、サッカーやラグビーといったボールゲームを中心に用いられている「テクニカル」という言葉に出会い、興味をもったのは、イングランドのラグビー情報に触れるようになってからである。

ラグビーにおけるテクニカルという言葉は、私の知る範囲では、イングランド・ラグビー・フットボール協会（RFU）によって最初に一般化されたように思う。RFUでは、20年以上も前からテクニカルと呼ばれる組織を立ち上げ、強化や普及に努めている。

RFUのテクニカル部門*は、ナショナルチームはもとより、ジュニア、ユース、スクール、大学、クラブ、軍隊、そして女子ラグビーといった、すべてのラグビーをサポートしたり、管理したりしている。具体的には、ラグビーの普及、選手・コーチ・レフェリーの育成、そしてナショナルチームの強化やプロモーションといった事業を総合的に推進するオフィス活動である。パートタイムの事務職員も含めて、約60〜70人程度の有給職員がこのテクニカル部門で働いている（図5-6）。そして、この部門の最高責任者が「テクニカル・ディレクター（Technical Director）」である。

このようにテクニカル部門と言っても、その活動内容や守備範囲は国や競技によって異なる現状にある（図5-7）。しかし、強化の頂点にある代表チームを中心に、自国のラグビーやサッカーといったそれぞれのスポーツの競技力向上や普及といった事業を推進する組織であることに間違いはない。つまり、世界の球技系スポーツにおけるテクニカルという概念は、単に技術や分析活動だけを表すのではなく、時にコーチング活動も含めて競技力向上のた

---

*RFUテクニカル部門：現在は「パフォーマンス＆ディベロップメント部門」と名称変更され、組織も一部変更されている。

めに必要な事業や活動すべてを表す、極めて公儀な概念と言えるだろう。

さて、日本の場合はテクニカル・スタッフと聞いて、どのような仕事を想像するだろうか？

たぶん多くの人たちが技術委員をイメージするかもしれない。あるいは、情報機器を駆使して強化現場に必要なデータや映像を生み出していくスタッフを思い浮かべるかもしれない。

彼らについては、テクニカル・スタッフの中の「ゲーム・アナリスト（game analyst）」あるいは「ビジュアル・スタッフ（visual staff）」などと

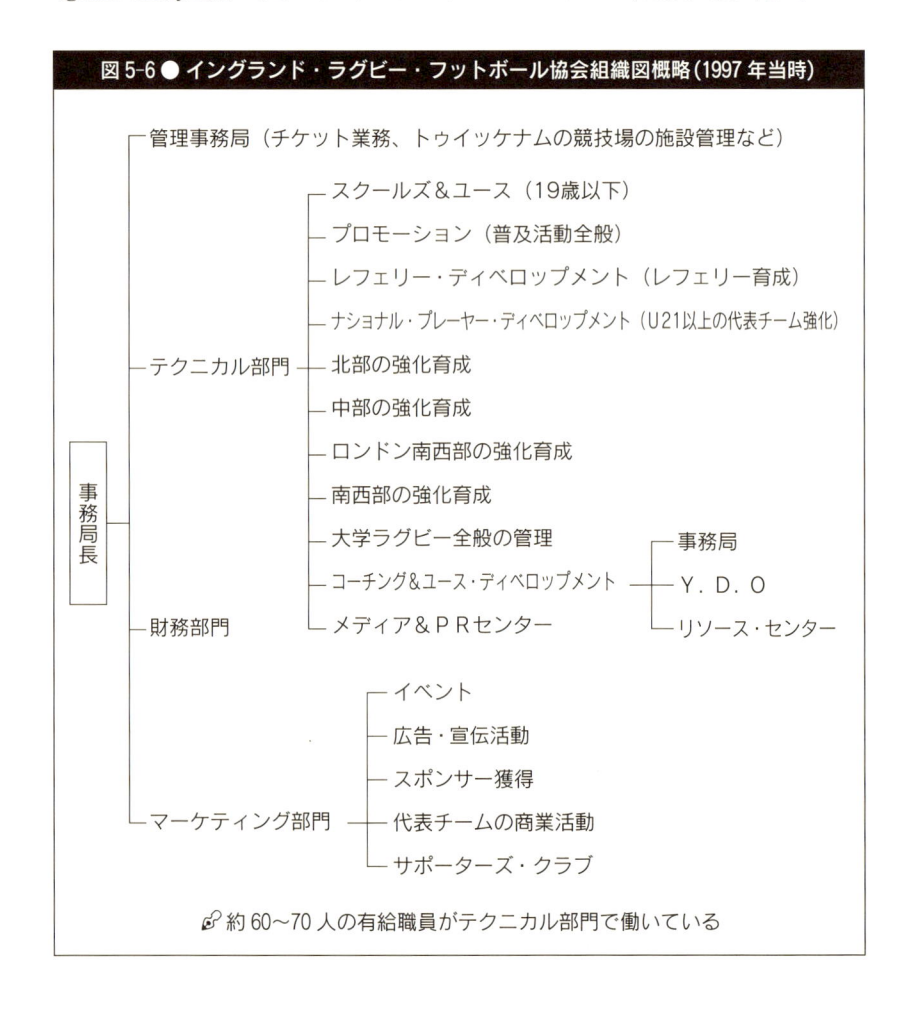

図5-6 ● イングランド・ラグビー・フットボール協会組織図概略（1997年当時）

事務局長
- 管理事務局（チケット業務、トゥイッケナムの競技場の施設管理など）
- テクニカル部門
  - スクールズ＆ユース（19歳以下）
  - プロモーション（普及活動全般）
  - レフェリー・ディベロップメント（レフェリー育成）
  - ナショナル・プレーヤー・ディベロップメント（U21以上の代表チーム強化）
  - 北部の強化育成
  - 中部の強化育成
  - ロンドン南西部の強化育成
  - 南西部の強化育成
  - 大学ラグビー全般の管理
  - コーチング＆ユース・ディベロップメント
    - 事務局
    - Y.D.O
    - リソース・センター
  - メディア＆PRセンター
- 財務部門
- マーケティング部門
  - イベント
  - 広告・宣伝活動
  - スポンサー獲得
  - 代表チームの商業活動
  - サポーターズ・クラブ

🔍 約60〜70人の有給職員がテクニカル部門で働いている

呼ぶこともでき、競技力向上や普及事業におけるひとつの専門分野を担当する人材ということになる。

このようなスタッフは、先に述べたような世界のボールゲームにおけるテクニカルの概念からすれば非常に重要な仕事ではあるが、テクニカル活動のほんの一部分を受けもっているにすぎない。

私は、日本ラグビーフットボール協会強化推進本部＊のテクニカル・ディレクター就任時に、当時の強化本部長やコーチング部門のディレクターと相談して、強化事業に関する活動を「普及・発掘・伝達・追跡・育成・選考・強化・分析・開発・企画・評価・記録」などといった言葉でキーワード化し、

＊日本ラグビーフットボール協会強化推進本部：1997年2月に平尾誠二の監督就任と同時に組織化された日本代表チームの強化母体。強化本部長（河野一郎）をヘッドに、「コーチング部門（ディレクター：平尾誠二）」「テクニカル部門（ディレクター：勝田隆）」「メディカル部門」「マネジメント部門」、それぞれを横並びの関係で各部門をおいた。2000年12月の平尾監督辞任とともに発展的に解消された。

図5-7 ● 諸外国に見るテクニカル活動

- 代表チーム強化、広報
- ジュニア＆ユース育成
- 指導者養成
- レフェリー養成
- 普及
- ルール管理・開発
- 地域、クラブ強化、育成サポート
- リソース、マテリアル（教材、マニュアル）
- メディア・リレーション
- その他

- 世界のトップレベルへ躍進するために
- 安定した強さを維持するために

⇩

- フィールド内の課題を探して向上
- フィールド外の課題を探して発展
- フィールド外の戦いを有利に進める

🔖 テクニカル機能は総合的強化の基盤である

「テクニカル部門」は、この中で「普及・発掘・伝達・追跡・分析・開発・企画・評価・記録」といった事業を守備範囲とするように組織化した（図5-8）。このことからも、テクニカル部門の仕事が多岐にわたっていることが理解できるだろう。そして、その内容も多様化している。

チームの中に入ってコーチング・スタッフとともに活動するテクニカル・スタッフもいれば、チームから離れて活動するスタッフもいる。また、短期的なビジョンの仕事を行う場合もあれば、中・長期的な仕事を担当する場合もある。

強化活動はグラウンド上で行われる表面的なものだけではなく、その舞台裏で様々な活動が総合的かつ長期的に展開されている。

こうした強化活動の中で、テクニカル部門はコーチング活動とともに、競技力向上のための要因すべてをトータルにとらえていくシンクタンク的存在として活躍すべき専門軍団であると言えるだろう。

3．サッカーのブレイン集団

日本サッカー協会の強化ビジョンは明確で、それを「三位一体の強化策」

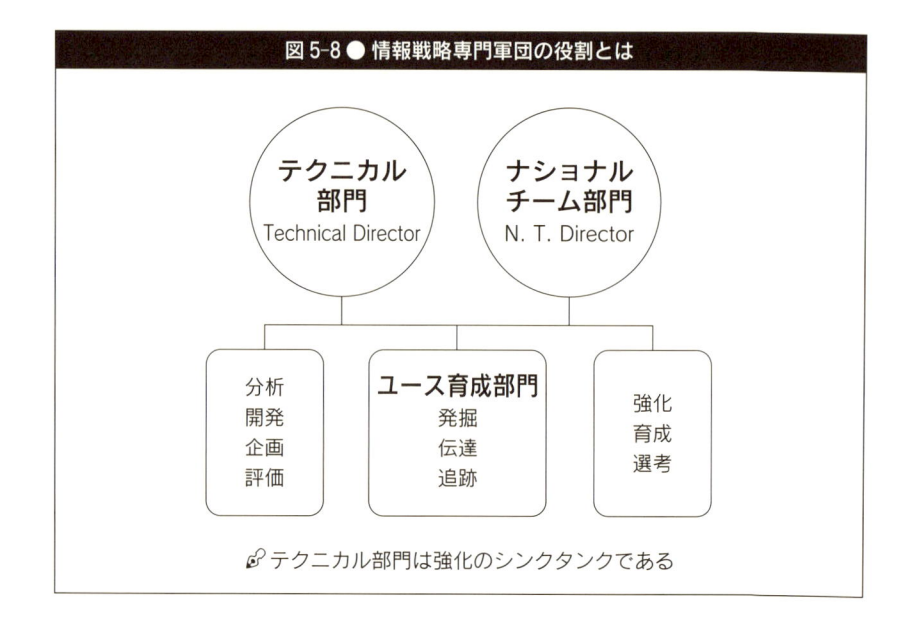

図5-8● 情報戦略専門軍団の役割とは

- テクニカル部門 Technical Director
  - 分析
  - 開発
  - 企画
  - 評価
- ナショナルチーム部門 N. T. Director
  - 強化
  - 育成
  - 選考
- ユース育成部門
  - 発掘
  - 伝達
  - 追跡

☞テクニカル部門は強化のシンクタンクである

(図 5-9) と呼んでいる。

　三位一体の 3 つの柱は、「ナショナルチームの強化」「ユース年代の育成」、そして「コーチ養成」である。この三本柱が「世界を目指して一体とならなければ、日本の将来はない」としている。

　日本サッカー協会技術委員の小野剛は、そのために必要な作業、すなわち「強化の方向性を合わせる」ために「知のマネージメント（47 ページ参照）が重要なファクターとなる」と述べ、そのマネージメントに携わる「ブレイン集団」の重要性と必要性を指摘している。

　ブレイン集団の主な活動として、①世界と日本のサッカーについての分析と評価、②世界と肩を並べるための課題抽出、③課題の整理と克服のためのシナリオ作成、といった内容を具体的に示している。

　しかし、このブレイン集団とはいったいどういった人材が、あるいはどういったセクションがその任にあたるのだろうか。

　日本サッカー協会の場合は、技術委員会を中心にしたスタッフが 3 つの柱

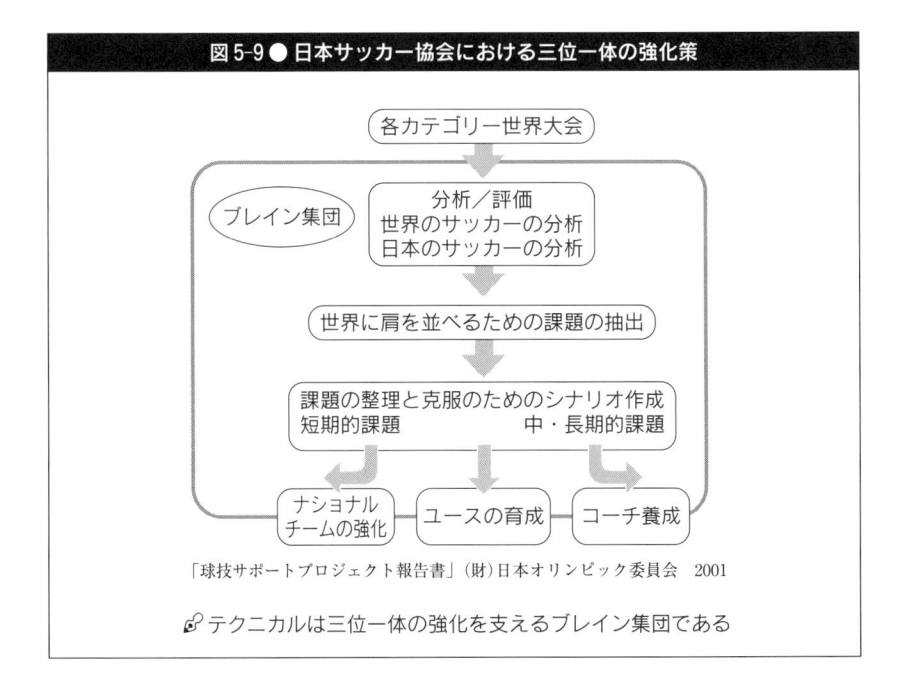

図 5-9 ● 日本サッカー協会における三位一体の強化策

各カテゴリー世界大会
↓
ブレイン集団
　分析／評価
　世界のサッカーの分析
　日本のサッカーの分析
↓
世界に肩を並べるための課題の抽出
↓
課題の整理と克服のためのシナリオ作成
　短期的課題　　　　中・長期的課題
↓　　　↓　　　↓
ナショナルチームの強化　ユースの育成　コーチ養成

「球技サポートプロジェクト報告書」（財）日本オリンピック委員会　2001

🖝 テクニカルは三位一体の強化を支えるブレイン集団である

トルシエ日本代表前監督率いる日本サッカーチーム
(写真提供／フォート・キシモト)

　それぞれの分野に関わり、その役割を担う。これが「強化のブレイン集団」にあたり、本章で述べてきたテクニカル活動を行っていることになる。

　日本サッカー協会のある強化関係者は、2002年ワールドカップ前に「日本代表監督であるトルシエ氏に、世界で戦える選手を預けるために（日本サッカーの強化は）10数年かかった」と言っていた。

　「トレーニングセンター制度*」や「S級を頂点とした指導者養成制度*」、そして「代表チームの強化」と、日本サッカー協会の今日の成功が世界を視野においた三位一体の強化策の成果であることは、周知の認めるところであろう。

＊トレーニングセンター制度：通称「トレセン制度」。「日本サッカーの強化、発展のために、将来の日本代表選手となる優秀な選手を発掘し、所属チームや年齢などの枠を越えて良い環境、良い指導を与える」ことを目的として、1976年に試験的にスタート。1980年に本格的に活動を開始した。選手は、地区トレセン→都道府県トレセン→9地域トレセン→ナショナル・トレセンと、少しずつレベルの高い環境の中で指導を受ける。

＊公認S級コーチ養成講習会：日本サッカー協会独自の指導者資格であるS級ライセンスを取得するための講習会。S級とは、Jリーグをはじめとする日本のプロチーム、およびプロ選手を指導対象とする資格である。

しかし、その影には、代表チーム強化・ユース育成・指導者養成、それぞれの分野のベクトルをひとつの方向に合わせるために、絶えず必要な「知」を創出し、マネジメントしてきた強化のブレイン集団が存在していることを私たちは知らなければならないだろう。

そして、このブレイン集団が明確に組織化され、機能的に動き始めた時、強化活動の展開がよりダイナミックさを増すことは、2002年サッカー・ワールドカップで初のベスト16という飛躍的な成果を遂げた日本代表チームが実証している。テクニカル的機能の役割と必要性をここにも見出すことができる。

4．テクニカル・スタッフの仕事と役割

テクニカル部門が、代表チームに対して担う最も大きな仕事は「分析」である（図5-10）。たとえば、ラグビーのゲームにおける分析と言っても、様々な種類にわたっている（表5-3）。この分析は、「客観的分析」と「主観的分析」の二つに大別できることは、すでに述べた。

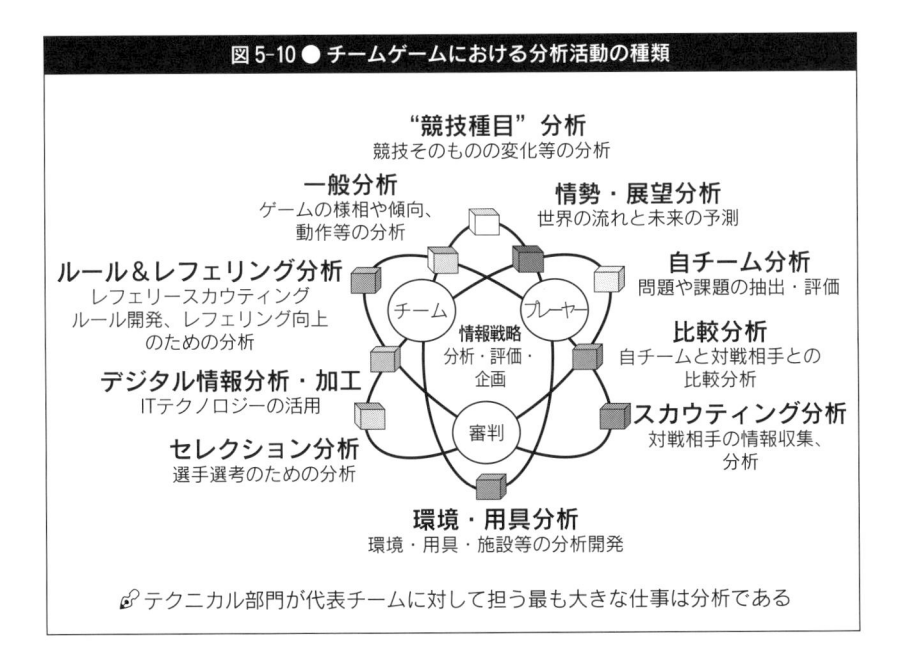

図5-10 ● チームゲームにおける分析活動の種類

- **"競技種目"分析**　競技そのものの変化等の分析
- **一般分析**　ゲームの様相や傾向、動作等の分析
- **情勢・展望分析**　世界の流れと未来の予測
- **ルール＆レフェリング分析**　レフェリースカウティング、ルール開発、レフェリング向上のための分析
- **自チーム分析**　問題や課題の抽出・評価
- **比較分析**　自チームと対戦相手との比較分析
- **デジタル情報分析・加工**　ITテクノロジーの活用
- **スカウティング分析**　対戦相手の情報収集、分析
- **セレクション分析**　選手選考のための分析
- **環境・用具分析**　環境・用具・施設等の分析開発

中央：情報戦略　分析・評価・企画（チーム／プレーヤー／審判）

テクニカル部門が代表チームに対して担う最も大きな仕事は分析である

表 5-3 ● ラグビーのゲームにおける分析活動の種類

①ラグビーそのものの分析	ラグビーはルール変更も含めて、変化の多いスポーツである。その変化に対応するためには、世界の情勢や動きを常に把握し、その要因やねらいを明確にしておかなければならない。また、ラグビーというスポーツのアイデンティティーやゲーム、およびルールの構造も理解しておく必要がある。これらの分析は、プレーや戦術の開発、あるいはルール改正といった分野で国際的なイニシアティブをもつためにも必要なものである。
②スカウティング分析	相手チームを対象とした分析活動。具体的には、攻防の特徴、ポイントとなるプレー、攻撃のパターンやバリエーション（サインプレーも含む）、選手個々人のプレーなどを分析する。
③自チーム分析	日本チームと選手の評価、新たな技術・戦術開発のための分析活動。問題状況の提示や、その具体的な解決策などについても提示する。具体的な分析項目は、戦略・戦術、プレー傾向、ゲームコンセプトやプランニング、選手個々人のスキルやパフォーマンスなど。
④セレクションのための分析	選手選考のための分析。優秀選手の発掘や候補選手の選考というような場において必要とされる資料を提示する。選手個々人のデータや VTR などは、必要に応じて当該選手にフィードバックする。
⑤一般分析	代表チームおよび日本ラグビーのゲームやプレーの質を向上させることを目的とした分析研究。科学委員会の中に組織された強化科学セクションが中心となる。
⑥環境分析・調査	ゲームや練習のためのグラウンド、トレーニング施設、国・地域のラグビー事情、あるいは宿泊場所、食環境などを事前に視察、分析する。
⑦ルール＆レフェリング分析	レフェリングの質の向上とレフェリー育成のための活動に資するための分析活動。代表チームのゲームにおいては、当該レフェリーのレフェリング上の特徴を分析。ルールの分析や開発についても研究する。
⑧レフェリー分析	ゲーム担当、および将来、日本代表チームを担当することが予想されるレフェリーのレフェリング上の特徴を分析する。

図 5-11 ● 分析に必要な情報とは

- プレーヤー
- レフェリー
- グラウンド
- 客席
- コーチ／スタッフ
- 控えのベンチ
- 用具
- その他

- 動作
- 心理
- 性格
- コミュニケーション
- フィットネス
- その他

- 時間
- 天候
- 風向き
- 太陽光

- 主観的分析
- 客観的分析

テクニカル・スタッフはコーチング・スタッフとは異なった目をもつこと

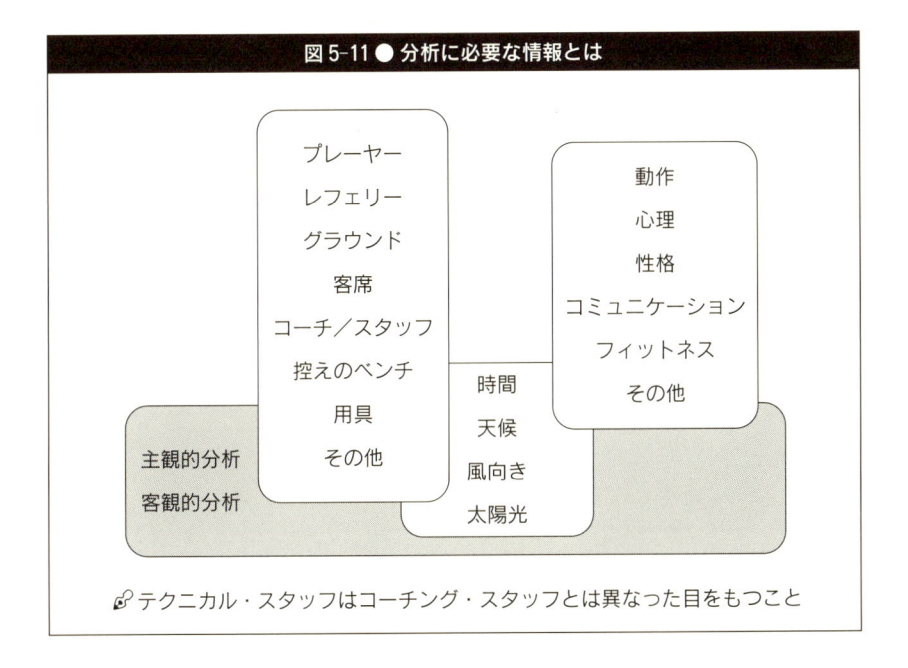

　さて、ここでの提言は、「強化現場に携わるアナリスト（analyst）は、客観的分析だけではなく、主観的分析にも積極的に関わるべきである」ということである。

　なぜならば、監督やコーチの分析だけでは限界があるからだ。特に、瞬時に場面が変化するボールゲームにおいては、プレー中の選手の動きはもちろんのこと、相手チームのベンチの動きや、ボールから遠く離れたプレーヤーの動きまで、様々なところに分析の視点をおかなければならない（図5-11）。「なぜ、ミスが多いのか」「ゲームの流れを変えるために、どんな方策が今必要なのか」というようなものから、特にゲーム中には多岐にわたるリアルタイムの分析が要求される。

　したがって、監督やコーチの気づかない、あるいは目の届かないところにまで分析の観点を広げ、多様な情報を入手するためには、有能な主観的分析者の協力は不可欠である。そのためのサポート・スタッフとして、アナリストを活用すべきであると考える。もちろん、分析情報の提示も含めたマネジメントは、現場のコーチング・スタッフによって管理されることが望ましい。

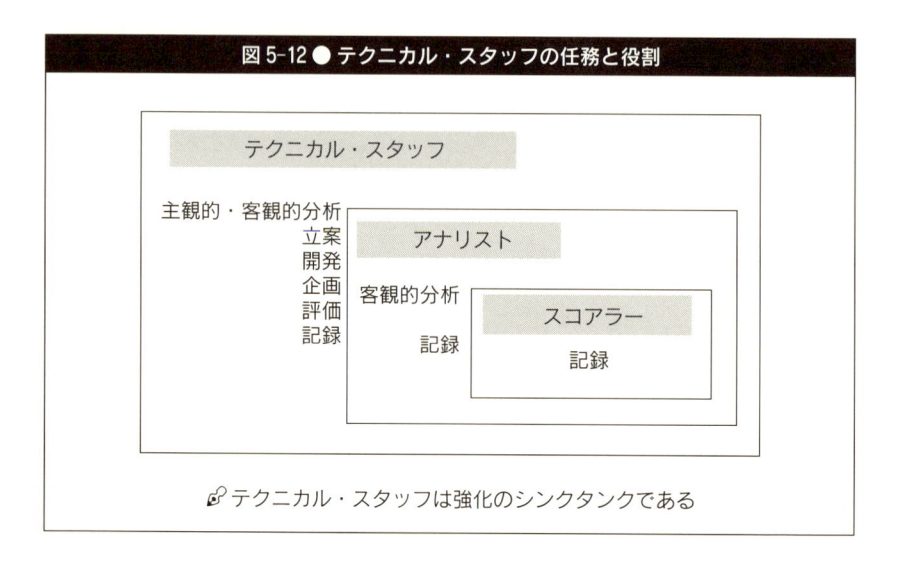

```
┌─────────────────────────────────────────────────────┐
│        図5-12 ● テクニカル・スタッフの任務と役割         │
├─────────────────────────────────────────────────────┤
│  ┌───────────────────────────────────────────────┐  │
│  │  テクニカル・スタッフ                            │  │
│  │                                               │  │
│  │  主観的・客観的分析                              │  │
│  │  立案    ┌──────────────────────────────────┐  │  │
│  │  開発    │  アナリスト                         │  │  │
│  │  企画    │                                  │  │  │
│  │  評価    │  客観的分析  ┌─────────────────┐  │  │  │
│  │  記録    │            │  スコアラー       │  │  │  │
│  │          │  記録       │                │  │  │  │
│  │          │            │  記録           │  │  │  │
│  │          │            └─────────────────┘  │  │  │
│  │          └──────────────────────────────────┘  │  │
│  └───────────────────────────────────────────────┘  │
│       ✎ テクニカル・スタッフは強化のシンクタンクである    │
└─────────────────────────────────────────────────────┘
```

様々な立場のスタッフが、無作為に分析情報をプレーヤーに与えたとしたら、プレーヤーが混乱するのは明らかであるからだ。

コーチは、アナリストを単なる記録者やデータ整理者ではなく、有益な主観的分析情報も提示するサポート役として活用すべきである。

しかし、実際には、アナリストは監督やコーチの要求に応える客観的分析者としてだけ活用されているようなケースも見られる。その原因は、一部のコーチング・スタッフたちだけの問題ではない。アナリストの中に有能な現場コーチとしての目をもった人材が少ないという現状と、またそのような人材がアナリストとして登用されることが少ないというマネジメントサイドの問題などが、アナリストを単なるデータ処理係として扱う図式を生み出しているように思う。

私がテクニカル・ディレクターとして関わったテクニカル・スタッフたちは単なるアナリストではなく、監督やコーチの目や手の届かないところの分析までもサポートできる有能なスタッフであった（図5-12）。彼らの能力と分析活動は、強化現場の質を確実に高めていた。監督であった平尾は、当時、日本代表チームのテクニカル部門の分析活動を「代表チームの情報戦略で、テクニカル部門の果たす役割は非常に大きく、強化になくてはならないセク

ションである」「(日本代表チームの) テクニカル部門の新しい技術やゲーム分析の方法は、今までのスポーツ界にはなかったものだ」、そして「そのサポートによって世界に挑戦できるわれわれは彼らを誇りに思う」と評していた。

5. 強化の蓄積

「監督が変われば、すべてが変わる」「強化の蓄積を行うような機能が十分でないために、継続的な強化ができていない」

　これは、日本オリンピック委員会のある会合で、複数の競技団体の強化に携わる関係者から出された意見である。

　誰もが、予想した通りに右肩上がりで強化が進むことを願っている。失敗もなく、常に成功の連続であることを願っているにちがいない。しかし、そのような順調な歩みを恒久的に続けている組織が、いったいこの世にどれだけあるだろうか。競技スポーツの場を見渡して、そのようなチームをいくつ見つけることができるだろうか。

　世の中のサクセス・ストーリーのほとんどは、失敗を経験し、打ちのめされ、その中からはい上がって、今日の栄光をつかむに至っている。失敗や試行錯誤のない成功やその状態を維持することなどありえないはずだ。

　大切なことは、失敗から何を学び、それを次にどのように生かすかである。

　試行錯誤や失敗から得たものを客観的情報として蓄積し共有しながら、次に確実に生かすことが「強化の蓄積」であり、そしてそれは強化を進めていくうえで極めて重要な要素になると確信している。

　特に、競技スポーツにおいては、トップの戦いの場から得られたものは将来に生かすべき何よりも重要な素材である。なぜならば、強化の最終目標は頂点に位置する日本のナショナル・チームの成果を向上させるためのものだからである。

　世界のスポーツ界をリードするアメリカ・スポーツの強化が、それぞれの競技において世界一の選手とはどんな選手なのかを具体的にすることから始め、その架空の選手のあらゆる要素を発掘・育成・強化といった一貫システムに具体的に落とし込んでいくことはすでに述べた。このことはトップが勝

失敗や試行錯誤のない成功はありえない

つためのピクチャーを明確に書けなければ強化は始まらないことを意味し、また、そのピクチャーが具体的でなければ、それを一貫システムにしっかりとした形で反映することはできないことも意味している。しかし、その作業はひとりの人間だけでは不可能である。

　結果を分析し、そこから導き出されたものを生かそうとするならば、アナログ的な情報をデジタルに変える作業が必要となる。つまり、ある特定の人間（たとえば監督）のひらめきや勘といった質的情報を、誰もが理解し、共有できる情報に変換しなければ、一貫した育成システムに生かすことは難しい。暗黙知や経験知といった個人的な情報を、組織的な情報に変える作業が重要となる。

　トップが勝つためのピクチャーやデザインを客観的な情報として提示し、その情報を一貫システムとして生かすためには、教材化作業が必要となるだろう。このような作業はペーパーワークなどの能力も含めて、専門性を必要とする仕事でもあり、誰もができる仕事ではない。

　これらの仕事も「テクニカル的機能」のひとつであると、私はとらえている。

5-4
実践に見るテクニカルの役割

1. オフィシャル・スタッフの数

　1999年に行われた第4回ラグビー・ワールドカップでは、1チームのオフィシャル・スタッフは10名まで認められ、参加費はすべて主催者側が負担した。

　第3回大会（1995年南アフリカ）までが5名であったことを考えると、大幅な人数増であったが、この背景には参加各国から出された強い要望を主催者側が受け入れたという経緯があった。

　この時、参加国の多くは、テクニカル・スタッフをオフィシャル・スタッフに加えることを強く要望したようだ。特に、強豪国ほどこの要望が強かったと聞いている。オフィシャル・スタッフとなれば、ゲーム中のグラウンド、ロッカールームといったオフィシャル区域内への立ち入りが許されることになる。

　これを受けて主催者側は、団長、監督、コーチ、医師、トレーナーという従来からの5名に、テクニカル・アドバイザー、広報担当、キットマスター（衣服用具管理者）といったスタッフをおくように各チームに指導し、そして必要に応じてフィットネス・コーチや通訳などを加えることを認めたのである。

　強豪国は、なぜテクニカル・スタッフをオフィシャル・スタッフに加えることを強く求めたのだろうか？

2. 9名のアナリストが生み出したもの

　1998年のサッカー・ワールドカップ（フランス）において、日本サッカー

協会は実に30名弱のスタッフを大会に送り込んでいる。団長、監督、コーチは言うに及ばず、この他、ゴールキーパー・コーチ、フィットネス・コーチ、医師、マッサージ師（複数名）、トレーナー、アナリスト（ゲーム＆スキル分析者＝テクニカル・スタッフ・複数名）、栄養士、広報担当、キットマスター（衣服用具管理者）、そして複数名のコック、通訳、財務担当などがスタッフとして帯同した。このなかで特筆すべきは、アナリストを9名も派遣していたことである（監督・コーチも含めた数）。

この9名のアナリストたちは、ゲームやプレー、あるいはレフェリングなどの分析を主な役割としていたようであるが、正確に言えば、この9名のほとんどがチームとは別に行動し、強豪国の強さの要因や日本の課題、あるいは技術・戦術に関わる将来的展望といった、今後の日本サッカー全体におけるテクニカル的な取り組みの課題や方向性を明らかにする任務をもっていたようである。

日本サッカー協会は、なぜ単なる分析者としてではないアナリストを9名も大会に派遣したのだろうか。

1998年フランス大会後、ワールドカップに派遣された9名のアナリストはコーチング・スタッフを中心に「日本が世界と肩を並べるために、今後、日本サッカー全体として何を課題とし、どのようなことに取り組まなければならないか」を話し合い、その結果を『FIFA ワールドカップ・フランス98・テクニカル・レポート』として明らかにした。

このレポートは日本代表が世界と肩を並べるために必要と思われるスキルや戦術を教材化したもので、多くのコーチやプレーヤーたちに受け入れてもらえるように、わかりやすい内容になっていた。これはVTRと解説書にまとめられ、販売され、現在、このレポートは日本サッカーにおける一貫強化の中心的マニュアルとなり、多くのサッカー関係者やファンの手に渡っている。

同じように、1999年ラグビー・ワールドカップに出場したラグビー日本代表強化現場も、大会後、監督やコーチ、そしてテクニカル・スタッフが一緒になって、ワールドカップを目指した戦い方やスキルをテクニカル・レポートとしてまとめ、それを解説書付きのVTR（『戦うためのキーファクター』）

1998年サッカー・ワールドカップで岡田武史監督率いる日本は予選リーグ3戦全敗に終わったが、この大会で得られた経験と情報を基に、一貫強化のためのマニュアルをつくりあげた　　　　　　　　　　　（写真提供／フォート・キシモト）

によって公にした。

　このようにトップの情報を教材化するなどして、育成システムに反映させたり一般に公開するやり方は、強化における「二つの矢印の重要性」に基づくものである。二つの矢印の重要性とは「情報の流れはトップからすそ野へ」「選手の流れはすそ野からトップへ」というもので、この考え方は強化の一貫性や継続性を構築し推進するうえで、極めて重要なコンセプトである。このコンセプトに添ったシステムを機能的なものにするためには、当然、トップのコーチング現場と密接に関わり合いながら、専門的な働きをするスタッフの存在が必要となる。

　日本サッカー協会技術委員長であった大仁邦彌は、「世界で戦う日本代表チームは、世界で戦うだけの力をもった選手たちで編成されなくてはならない」と述べている。そのためには、世界を様々な角度から分析し、それを一貫指導システムに的確に反映しなければならない。

　監督やコーチを含んだ9名のアナリストの使命は情報を得ることにあったのではないかと、私は考えている。

1999年のラグビー・ワールドカップにおいて、フランス代表チームを準優勝に導いたピエール・ヴィルブルー元コーチや、また、1998年のサッカー・ワールドカップにおいてフランス代表を優勝に導いたエメ・ジャケ元監督などが、ワールドカップ大会直後にそれぞれテクニカル・ディレクターとして次代を担うユース育成のポジションに就任した事実は、この重要性を如実に表した事例であると言えるだろう。

3．テクニカル・スタッフ創出の図式

　前述したように、テクニカル部門の守備範囲は普及や育成といった分野にまで及んでいる。この他、強化組織内においても、テクニカル・スタッフの守備範囲は多岐にわたっており、諸外国の一般的状況を見ると、ゲーム分析者だけでなく、フィットネスやコンディショニング、メディカル、メディア対応、あるいはキットマスターといったスタッフなどもテクニカル部門の管轄下におかれていることが多い。

　強化スタッフの多機能化、つまり強化現場の分業化・組織化は、アメリカのプロスポーツ界、特にアメリカン・フットボールやプロ野球といったプロスポーツにおいて早くから見られた特徴であった。

　プロフェッショナルの世界で強化スタッフの分業化・組織化を必要としてきた理由は、勝つために考えられるあらゆることを効果的かつ生産的に行おうとしてきた結果である。

　短時間で効果的なトレーニングやミーティングを行いたいとすれば、ビジュアルな素材提供に長けたスタッフが必要となるだろう。強化活動を客観的なデータとして整理・蓄積し、必要な時に引き出そうと考えれば、データ処理に長けた人材が必要となってくる。また、相手チームをより把握したいと考えれば、野球の先乗りスコアラーのようなスカウティング・スタッフの存在が必要となる。

　勝つことをビジネスとする世界において、手探り的な手法や場当たり的な手法は許されない。だからこそ、勝つことに全力を尽くそうとすれば、もてる英知を結集し総力をあげてあたろうとする。そして、当然、総力を充実させようとする。テクニカル・スタッフは、このような図式によって生み出さ

れてきたに違いない。

　テクニカル的機能とは、監督・コーチの仕事量を軽減させるために必要とされたのではなく、勝つことをよりプロフェッショナル的にとらえた結果、必然的に創出されてきたものである。そして、その活動は強化現場における新しい専門的領域である。

　また、このような特徴はゲームにおけるポジション特性やゲーム様相などが多面的で、かつ専門化されている集団競技において顕著であることもつけ加えておきたい。

4．「フィールド外の戦い」におけるテクニカルの役割

　2000年シドニーオリンピック柔道競技（100kg超級決勝）において、篠原信一選手が銀メダルに終わり、その判定をめぐって物議をかもしたことはすでに述べた。

　当時、「審判の判定が明らかな誤審であった」という議論が日本国内では大勢を占めていたが、対戦者であるドイエ選手の母国フランスでは「審判の判定は疑いようのないものであった」とし、日本とは正反対の論調であった。

　さて、ここで問題としたいのは、「判定が誤審であったかどうか」ということではない。

　この問題については、「審判が畳を降りてしまえば判定は覆らない」、あるいは「試合途中に正式な抗議はできない」という現行のルールに問題があるとして、その改善に努力しなければならないことが指摘されていた。

　私は、当時、マスコミや柔道関係者から流されるこれらの意見を聞いていて、日本柔道の戦いの場は試合場という「畳の上」から、ルールを変えるという「畳の外」へと移り、畳の外の戦い、すなわち「フィールド外の戦い」に勝つことが今後の日本柔道にとって極めて重要であると、門外漢ながら勝手に想像していた。

　もうひとつ、あまりにも有名な「フィールド外の戦い」の重要性を物語るエピソードを紹介したい。

　1997年の長野オリンピックで日本中を沸かせ、世界のジャンプ界をリードしてきた日本ジャンプチームの長野後の不振は、スキー板の長さを制限す

るルール変更にあると言われていた。

　これは、長野オリンピック後のシーズンまでの「身長プラス 80cm まで」から「身長の 146％まで」に変更されたというものである。これによって、身長 170cm クラスの選手と 180cm クラスの選手の使用する板の長さの差が 10cm から 15cm に拡大する。つまり、板が長いほど空気抵抗の関係で距離が伸びやすいということから、身長が 170cm 前後の日本人選手より 180cm 以上の海外の強豪選手に有利な結果をもたらすという予測が飛び交った。

　しかし、ソルトレイクオリンピックにおいて、個人戦を完全制覇したスイスのシモン・アマン選手の身長が 172cm であったということなどから、飛距離を決定づける要因の中で、板の長さという要因が占める割合は予想以上に小さいのではないかというのが、現在の一般的な見方のようだ。

　しかし、ここで問題とすべきは、長野オリンピック後のルール改正が日本に有利であったのか、それとも不利であったのかということではない。問題としたいのは、長野オリンピック後、ルール改正が日本の知らないところで行われたということである。

　自分たちの関知しないところでルール改正が行われたという事実は、多くの日本チームのコーチや関係者に「明らかな日本たたきだ」という反応を引き起こした。しかし、ルール改正が日本人の関知しないところで行われるという例は、競技スポーツの場面、特に国際的な競い合いの場では決して珍しいことではない。しかし、このようなフィールド外の戦いにおいて、「日本が勝った」と思われるようなエピソードはあまり聞いたことがない。特に、ルールや競技進行に関するような重要な戦いにおける日本の勝利は寡聞にして知らないが、「（日本には）国際会議で堂々と渡り合える人物が少ない」という日本のロビー活動の弱さを指摘する声はよく聞く。

　日本オリンピック委員会ではこのような現状を踏まえて、「国際力の強化」を国際競技力向上の重要な柱として掲げている。オリンピックでのメダル倍増を目指して策定された「JOC GOLD PLAN」には、「競技に直結するルールや審判規定の変更などは、各国際競技団体（IF）や国内競技連盟（NF）のルール委員会（技術委員会）や参加資格委員会等で検討される。それだけに同委員会の委員に選出されることは、より最新の情報を迅速に入手できる

ことを意味し、結果的に自国の強化につながる」「JOC では、今後こうした国際力を有する人材を計画的かつ継続的に養成するための具体的な活動を展開する」と明記されている。

いずれにせよ、これからの競技スポーツにおける戦いが単にプレーヤー同士の「フィールド内の戦い」だけでなく、相手チームを探り合うスカウティングの戦い、ドーピング・コントロール、あるいはルール変更や競技進行に関わるマネージメントの戦いに至るまで、多岐にわたって展開されていくことは疑いようのない事実である。そして、この戦いは、トップレベルになればなるほど水面下で激しく演じられ、その勝敗が「フィールド内の戦い」に大きな影響を与えることとなる（図5-13）。

この時、戦いの中心となるのが情報である。相手との戦いも含めて、国際舞台における「フィールド外の戦い」はまさに情報の戦いであり、そこでは高度な情報戦略が必要となる。

「収集・分析・管理・発信」といった情報に関わる分野はまさに専門的な領域であり、その情報・戦略の中心となるのがテクニカル・スタッフであると

図5-13 ● 勝敗の要因を考える

「○○で負けた」

フィールド内の戦い	フィールド外の戦い
○体格で負けた	●審判で負けた
○体力で負けた	●情報で負けた
○精神力、集中力で負けた	●ルールで負けた
○技術で負けた	●マネージメントで負けた
○戦術（戦い方）で負けた	●政治力・国際力で負けた
○監督（指導者）で負けた	●体制（組織・システム）で負けた
○選手（競技者）で負けた	●用具・環境で負けた

「フィールド外の戦い」はトップレベルになればなるほど水面下で激しく演じられ、その勝敗が「フィールド内の戦い」に大きな影響を与えている

私は考えている。

「テクニカルの役割とは何か？」という問いに対して与えられる答えのひとつとして、「フィールド外の勝負に勝つこと」ということがあげられるだろう。

■参考・引用文献
- 勝田隆「強化活動とスポーツ医・科学の連携を考える」『平成12年度スポーツ・コーチサミット冊子』文部科学省他主催　2001年3月
- 勝田隆「日本代表のテクニカル部門の果たす役割」『ラグビーワールド』第17巻4・6号　ワールド出版　2000年
- 『JOC GOLD PLAN』(財)日本オリンピック委員会　2001年
- 『球技系サポートプロジェクト報告書』日本オリンピック委員会　2001年
- 平尾誠二『知のスピードが壁を破る』PHP研究所 1999年
- 日本サッカー協会技術委員会『FIFAワールドカップ・フランス98・テクニカル・レポート』(財)日本サッカー協会　1998年
- 日本ラグビーフットボール協会強化推進本部『戦うためのキーファクター』(財)日本ラグビーフットボール協会　2000年
- 小野剛『クリエイティブサッカー・コーチング』大修館書店　1999年
- 大仁那彌「日本サッカーの強化とユース育成」『JAF強化指導指針2000年版ポスト』　日本サッカー協会

あとがきにかえて
「シンプル」

　かつて河野一郎氏は、高校ラグビー界の名指導者として名高い荒川博司＊氏のことを、「日本のスポーツ界で最も見習うべき指導者の一人だ」と言ったことがある。

　なぜならば「荒川先生は、指導者の最大の目的が"自分を超える人材を育てること"だということを知っていて、それを確実に実行しているから」だという。

　後進に道を譲る。わかっていても、それを実践することは難しい。「任せた」と言って、任しきれないことなどが原因で、師弟同士が仲たがいし疎遠になっていく例も少なくない。

　私も荒川氏から育てられた一人だと思い、先生を師と仰いでいる。師を超えられるはずなど絶対にない私であるが、先生から最大のサポートをいただいた一人だと自負している。

　平成13年3月、その師は他界した。

　たくさんのことを教えていただいたことは言うまでもないが、その中で最も心に留めている恩師の言葉を、最後に「あとがき」にかえて紹介したい。

　それは「シンプル」という言葉に集約される、先生の生き方であり、またコーチング哲学でもあった言葉だ。

　＊荒川博司
　　大阪工業大学高校ラグビー部監督として、全国高校ラグビー（花園）大会出場24回、優勝4回、数多くの日本代表選手を輩出する。高校日本代表監督や高校日本代表強化委員長なども務める。勝ち負けにはこだわらず、「基本の徹底」を指導理念とした。

しかし、その言葉は実践するに最も難しいコーチング哲学でもある。
　先生がなぜ、その言葉にこだわったのか……。今、やっとわかったような気がしている。
　言動を「素」にすることで伝えたいことを鮮明にし、常に本質が失われないようにしていたのだ。
　指導者の言動の重さを心の底から理解していたのだ。
　先生がなぜ、その言葉を私に与えたのか……。私には、痛いほどわかっている。
　難しい理論や理屈で飾ることの愚かさと、飾らない強さこそ、本物の強さであることを、私に教えたかったのだ。
　相手が考え、自ら気づく余地を残すことが指導であることを、私が知るべきであることを教えたかったのだ。

　その師に感謝を込めて、本書の最後にこの言葉を銘記する。
「"わかりやすい"ということが、コーチングを行ううえで最も大切なことである」（荒川博司）

[監修者紹介]

河野一郎（こうの いちろう）

1946年東京生まれ。東京医科歯科大学医学部卒業。筑波大学大学院人間総合科学研究科特命教授、日本オリンピック委員会理事、日本アンチ・ドーピング機構理事、2020年東京オリンピック・パラリンピック競技大会組織委員会副会長。「スポーツ庁創設」に関する超党派議員連盟プロジェクトチーム有識者会議座長などを歴任し、現在、独立行政法人日本スポーツ振興センター理事長。

[著者紹介]

勝田 隆（かつた たかし）

1957年埼玉県生まれ。筑波大学卒業。現在、独立行政法人日本スポーツ振興センタースポーツ関連事業推進部部長、国立スポーツ科学センター副センター長、筑波大学スポーツR&Dコア総括補佐（客員教授）。コーチングやスポーツ情報戦略が専門。
ラグビー高校日本代表監督や19歳以下日本代表・23歳以下日本代表のコーチを経て、日本代表テクニカル・ディレクターとして、ラグビーワールドカップやアジア競技大会などに参加。その後、日本ラグビーフットボール協会強化委員長などの任にあたり、現在、日本ラグビーフットボール協会理事。
日本オリンピック委員会では、アテネ（2004）・北京（2008）・ロンドン（2012）において日本代表選手団本部や役員として参加。
また、日本体育協会理事の任にあたる他、文部科学省「スポーツ指導者の資質能力向上のための有識者会議（タスクフォース）」座長などを歴任。

知的コーチングのすすめ〜頂点をめざす競技者育成の鍵
ⒸTakashi Katsuta 2002　　　　　　　　NDC 780　Ⅹ，154 p　21 cm

初版第1刷——2002年9月20日
第13刷——2014年9月1日

監修者———	河野一郎
著　者———	勝田　隆
発行者———	鈴木一行
発行所———	株式会社 大修館書店

〒113-8541　東京都文京区湯島 2-1-1
電話 03-3868-2651（販売部）　03-3868-2298（編集部）
振替 00190-7-40504
［出版情報］http://www.taishukan.co.jp/

装丁———中村友和（ROVARIS）
表紙カバー写真———アフロフォトエージェンシー
本文写真———フォート・キシモト、㈱ベースボール・マガジン社
イラスト———イー・アール・シー
印刷所———横山印刷
製本所———司製本

ISBN978-4-469-26501-9　Printed in Japan

Ⓡ本誌のコピー、スキャン、デジタル化等の無断複製は著作権法上での例外を除き禁じられています。本書を代行業者等の第三者に依頼してスキャンやデジタル化することは、たとえ個人や家庭内での利用であっても著作権法上認められておりません。

世界に通用するプレーヤー育成のための
クリエイティブ サッカー・コーチング

新世代コーチング・バイブル

小野 剛（前・日本代表チームコーチ／日本サッカー協会技術委員）＝著
【協力：日本サッカー協会技術委員会】

長期的な視野で 日本人プレーヤーをどう育てるか？

ジュニアからユースまで、「クリエイティブな選手の育成」をメインテーマに、各年代におけるコーチング理論と実践的な指導メニューを、1998年に初のW杯出場を果たした日本代表チームの名参謀・小野剛技術委員が明快に解説。日本サッカーの将来を担う人材を預かるすべてのサッカー関係者・指導者必読の新世代コーチング・バイブル。

B5変型判・192頁　本体2,100円

大修館書店　書店にない場合やお急ぎの方は、直接ご注文ください　☎03-3868-2651

FUSSBALL VON MORGEN
21世紀の サッカー選手育成法

FOR YOUTH ユース編

……技術・戦術・体力アップの練習プログラム……

ドイツサッカー協会＝編　ゲロ・ビザンツ＝著　田嶋幸三＝監訳　今井純子＝訳

指導者には選手を伸ばす責任がある!

世界に通じるサッカー選手を育てるために、ゲームに活きる技術・戦術・体力を高めたい。サッカー選手たちはみな、将来のスター選手を夢見ている。

指導者は、彼らの夢の実現に 最高の指導で応えなければならない。

本書は、指導者養成の世界的権威で日本サッカー協会のＳ級指導者養成も担当していた著者らが、将来のトップ選手育成のために具体的な指導法と練習プログラムをまとめたサッカー指導のバイブル。サッカー指導者待望の邦訳完成。

オールカラー！
B5変型判・288頁
本体2,900円

大修館書店　書店にない場合やお急ぎの方は、直接ご注文ください　☎03-3868-2651

フランスサッカーの プロフェッショナル・ コーチング

ジェラール・ウリエ
(リヴァプールFC監督)
ジャック・クルボアジェ
(フランスU-18代表チーム監督)

[訳者] **小野剛** (U-19日本代表チームコーチ) / **今井純子**

真のプロフェッショナル・コーチに必要な能力とは何か?
超一流を目指す、すべての指導者のために

ワールドカップ出場すらままならない低迷期を脱し、黄金時代を迎えたフランスサッカー。地元開催の'98フランスワールドカップに向けた代表チーム強化プログラム作成の陣頭指揮を執り、現在プレミアリーグの強豪リヴァプールFCを率いるジェラール・ウリエが、王者のコーチング哲学・理論・実践のすべてをあますところなく公開した待望のプロフェッショナル・サッカーコーチング指南書。　●A5判・336頁　**本体2,500円**

大修館書店　書店にない場合やお急ぎの方は、直接ご注文ください　☎03-3868-2651

ジョン・ウドゥン
UCLAバスケットボール
PRACTICAL MODERN BASKETBALL

武井光彦[監訳]　**内山治樹** 他[訳]

コーチングの原点がここにある!

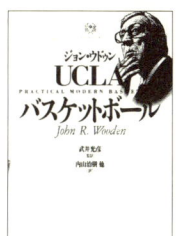

1960〜70年代にかけてNCAA選手権大会(全米大学選手権大会)で全盛を誇ったUCLA(カリフォルニア大学ロサンゼルス校)の名将、ジョン・ウドゥン。指導の一貫性、系統性を説いた彼のコーチングフィロソフィーは、今も輝きを失わず、全米の指導者の間に受け継がれている。本書は「成功のピラミッド(Pyramid of Success)」に代表されるコーチングフィロソフィー、および全盛期のUCLAにおける指導実践を集大成したものである。

〈目次〉
第1章　私のコーチングフィロソフィー
第2章　コーチングに関する諸問題
第3章　個人のオフェンス技術
第4章　チーム・オフェンス
第5章　ボールの獲得
第6章　個人のディフェンス技術
第7章　チーム・ディフェンス
第8章　ドリル

●A5判・466頁　**本体3,800円**

大修館書店　書店にない場合やお急ぎの方は、直接ご注文ください　☎03-3868-2651

定価=本体+税

トップアスリートを創る
―― 日本体育大学アスリートたちの軌跡 ――

日本体育大学学友会運動部 編

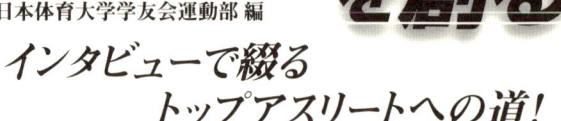

インタビューで綴る
　　　トップアスリートへの道!

常に日本スポーツ界の第一線において活躍できる人材の養成と研究活動に邁進してきた日本体育大学の歩みをふりかえり、その指導・教育哲学から、21世紀に向けたスポーツ人養成戦略までを関係者の声を通して紹介する。

【本書に収録された選手・コーチ】　有森裕子／砂岡良治／伊藤直樹／岩崎由純／清原伸彦／具志堅幸司／古賀稔彦／小林尚子／小峯　力／清水義明／白石　宏／高田裕司／高山樹里／谷口浩美／布　啓一郎／花原　勉／春口　廣／松島(持田)京子／松田治廣／森田淳悟／山本洋祐

A5判・250頁　本体2,000円

大修館書店　　書店にない場合やお急ぎの方は、直接ご注文ください　☎03-3868-2651

スポーツ選手なら知っておきたい「からだ」のこと

小田 伸午 著

スポーツは、筋肉・筋力が全てではない!

速く走る、素早く相手をかわす、速いボールを投げるなどは、単に筋力を高めるだけでは効果は期待できない。骨や筋肉、関節などの成り立ちを知り、二軸動作や常歩(なみあし)を理解することがいかに重要かを、イチロー選手やクレメンス投手、末續選手などを例にして解説。

●B5判・136頁・二色刷
本体1,600円

主要目次　第1章 誰もが知っておきたい「骨と筋肉と関節」のこと／第2章 誰もが知っておきたい「身体運動を引き起こす二つの力」のこと／第3章 誰もが知っておきたい「脳と神経」のこと／第4章 誰もが知っておきたい「二軸動作」のこと

大修館書店　　書店にない場合やお急ぎの方は、直接ご注文ください　☎03-3868-2651

定価＝本体＋税